STAGFLATION
TIMES

大動盪時代

通膨、貨幣轉向與數位金融的未來

從疫情衝擊到能源危機，
在通膨與滯脹間的兩難選擇與經濟走向

通膨的幻象，通縮的真相

美股動盪、能源危機、資產泡沫……
從通膨歷史到數位貨幣，重新審視現代經濟困境

從 1970 年代滯脹到當前危機，全球將面臨的未來經濟挑戰！

智本社 著

目錄

序　追問

前言

通膨，通縮
　　灰天鵝：全球貨幣大潮起 ………………………………… 012
　　「大疫水牛」與「剛性泡沫」 …………………………… 030
　　通膨，還是通縮？ ………………………………………… 041

通膨，滯脹
　　迎接轉折點 ………………………………………………… 056
　　全球正式進入緊縮時代 …………………………………… 067
　　通膨，還是滯脹？ ………………………………………… 079

統制貨幣
　　全球經濟格局：大央行、大財政、大債務 ……………… 096
　　全球經濟通往貨幣計畫之路 ……………………………… 109

自由貨幣
　　美元、比特幣與數位貨幣 ………………………………… 124
　　比特幣經濟學 ……………………………………………… 151

目錄

觀歷史
　　美國供給側革命 …………………………………… 164
　　滯脹經濟學：先抗通膨，還是先刺激經濟？ …………… 205

大家治學
　　經濟學家，傅利曼 ………………………………… 226

序　追問

　　在這個時代，提出一個好問題比解惑更為珍貴。

　　2008 年以來，我們經歷了什麼？金融危機、債務危機、政治民粹運動、貿易摩擦及逆向全球化、COVID-19 疫情大流行、史詩級股災、供應鏈危機、生育率斷崖式下降及人口危機、國家衝突及戰爭、能源危機、糧食危機、國際秩序崩壞⋯⋯世界，正滑入「馬爾薩斯災難」嗎？

　　每一個大問題都攸關人類的前途和個人的處境。但是，現代人追問能力的退化及網路傳播下資訊的泛濫，讓問題變得複雜與神祕。

　　金融危機為何爆發，是美國聯準會升息所致還是降息所致？是葛林斯潘（Alan Greenspan）的問題還是聯準會的問題？是聯準會的政策問題還是制度問題？是監督制度問題還是全球央行及法定貨幣制度問題？全球央行及法定貨幣制度問題的本質又是什麼？貨幣理論是否有問題？

　　顯然，後危機時代，我們並未深刻意識到這些問題，以致金融體系不可挽回地惡化，貨幣淪為「公地悲劇」（Tragedy of the commons）。集體行動如何避免「公地悲劇」？國家組織扮演了進步角色還是成為始作俑者？國家為何陷入「諾斯悖論」？

　　法國大革命後，民族主權國家成為人類進步的重要力量，國家現代化已是大勢所趨。在全球化時代，民族主權國家與經濟全球化是否會產生矛盾？當下，國家衝突是否與這一矛盾有關？全球化的認知是否有誤？未來，國家組織如何演變？

　　為何有些國家經濟成長快，有些國家則陷入停滯？為何有些國家的經

序　追問

濟成長快但家庭財富卻成長慢？這種經濟成長模式是否可持續？當貨幣增速長期大於經濟增速時，經濟將走向何方？當經濟增速長期大於家庭收入增速時，經濟又將如何演變？

貧富不均是這個時代不可迴避的問題。貧富差距的原因是什麼？正當性和不正當性在何處？貨幣政策是否加劇了不平等？福利主義是否破壞了公平競爭？

人口危機又是一大社會焦慮。生育率下降的合理因素是什麼？

生育是否是必需品？額外因素是否增加了生育成本？高齡化的問題是養老問題、成長問題還是制度問題？通貨膨脹、公共養老制度是否惡化了養老問題？

困惑，亦是我寫下百萬字且繼續寫作的動力。長期以來，我追問的線索是經濟學的思維，即個人經濟行為。不過，經濟學「埋雷」無數，同樣需要不停地追問。

追問不止，筆耕不息。智本社，與思想者同行。

清和

前言

COVID-19 疫情全球大流行對世界總體經濟的衝擊仍然有待評估。伴隨著全球風險因子增強，總體經濟在這幾年內展現出不同的時代特徵，本書便以「通縮」、「通膨」、「滯脹」為關鍵字展開對經濟現實案例的發現、探討。全書分為六章，分別為：〈通膨，通縮〉、〈通膨，滯脹〉、〈統制貨幣〉、〈自由貨幣〉、〈歷史觀〉、〈大家治學〉。

從 2020 年到 2022 年的三年內，全球總體經濟展現了從通縮到通膨再到滯脹的特徵。本書前兩章集中關注了通縮、通膨與滯脹的經濟案例。

〈通膨，通縮〉一章由三篇文章組成，主要追蹤聯準會大規模發行貨幣及其引致資產泡沫化的過程。「灰天鵝：全球貨幣大潮起」一文從理察‧坎蒂隆、大衛‧休謨、米爾頓‧傅利曼等人的貨幣理論視角討論全球「貨幣大潮」事件。

COVID-19 疫情爆發後，美國爆發股災，經濟全面通縮。聯準會立即實施無限量寬鬆救市，美股逆勢反彈，經濟回穩。當時，市場上有通膨擔憂，也有通縮擔憂。「『大疫水牛』與『剛性泡沫』」與「通膨，還是通縮？」兩文均討論了通膨與通縮兩極化問題。

〈通膨，滯脹〉一章的三篇文章則以轉折點視角關注聯準會貨幣政策變動及其影響。

從 2021 年下半年開始，美國經濟火熱復甦，通膨迅速抬頭。在聯準會主席鮑爾和美國財長葉倫「通膨是暫時的」的錯誤判斷下，聯準會推遲實施緊縮政策。然而，能源危機愈演愈烈，美國爆發了僅次於 1970 年代

前言

的大通膨。「迎接轉折點」一文就覆盤了美國資產市場因通膨預期強化而大跌，以及隨後聯準會管理市場預期與通膨難題的兩難境地，也談到了聯準會多年來不對稱調節及處於兩難境地的成因。「全球正式進入緊縮時代」一文則關注了2022年聯準會掉轉船頭立即緊縮貨幣，實施了近40年以來最激進政策的現實案例。「通膨，還是滯脹？」一文結合美國1970年代大滯脹的歷史案例與相關理論討論其與財政、貨幣的關係。

在〈統制貨幣〉一章，「全球經濟格局：大央行、大財政、大債務」結合古代城邦國家財政制度的演變與央行制度的誕生，關注當今財政——貨幣——金融格局是如何形成的。「全球經濟通往貨幣計畫之路」一文也同樣追溯了經濟學史的一次著名爭論，探討在他國央行制度下經濟走向「實體經濟通縮、資本市場通膨」之源。

〈自由貨幣〉一章主要從技術層面關注當下數位貨幣的新變。臉書（Facebook）推出 Libra 穩定幣，市場上的爭論、猜測頗多。新貨幣及新金融體系的可能性與限制、數位貨幣背後的金融邏輯及貨幣的合約本質是本章想要探討的問題。

1970年代，一次石油危機爆發導致美國物價飛漲，劇烈的通貨膨脹隨之而來。隨後，經濟大幅衰退、失業率大增，而高通膨卻持續不退。低成長、高失業、高通膨並存的經濟局面使諸多經濟學家的理論黯然失色，也讓美國當局困擾不已。本書的「歷史觀」包含兩篇文章，均復刻了美國1970年代的滯脹危機過程，是讀者了解本書「滯脹」主題的又一視角。

〈大家治學〉章節介紹了經濟學史上赫赫有名的學者：米爾頓・傅利曼。本章介紹了傅利曼的生平、求學與研究歷程。傅利曼的價格理論與貨幣理論被諸多經濟學者視為經典，而其人也有親近大眾、充滿樂觀與求知

精神的一面。

　　最後，期望讀者能夠在閱讀本書過程中獲得知識與樂趣，以經濟學的思維思考工作和生活中的現象與問題。本書如有疏漏之處，還望讀者給予批評指正。

前言

通膨，通縮

　　大疫之後，房地產市場、股市起伏。實則是過去埋下的貨幣衝擊波散開漣漪，終於擊中每一個人。

　　現實中上演著一幕幕鮮明分化的戲碼。貨幣流向至關重要，資產追漲，泡沫越發剛性，實體則越發蕭瑟。通膨、通縮兩極化，水火交融。

　　這是金融與實體的割裂，也是宏觀總量與微觀邏輯的割裂。

通膨，通縮

灰天鵝：全球貨幣大潮起

2019年聯準會第一次降息後，全球貨幣寬鬆大潮來襲：

歐洲央行將歐元區隔夜存款利率下調10個基點至-0.50%；利率幾無下調空間後，選擇重啟量化寬鬆（Quantitative Easing，QE），自11月1日起，以每月200億歐元的速度重啟資產購買計畫，且未設截止日期。

這輪降息及重啟QE旨在刺激疲軟的歐洲經濟。但從QE規模來看，這次資產購買規模不如2015年（600億～800億歐元）。同時，這次計畫還引入分層利率，以降低負利率對歐洲銀行盈利能力的打擊。

歐洲央行重啟QE後，聯準會再次宣布降息，將聯邦目標基金利率區間下調25個基點至1.75%～2.00%，旨在應對全球經濟放緩、低通膨帶給美國經濟前景的風險。

聯準會開啟了本次「超級央行週」。隨後，除挪威央行將基準利率上調25個基點外，日本、英國、巴西、印尼、挪威、南非、沙烏地阿拉伯等均持寬鬆立場。其中，沙烏地阿拉伯央行緊跟聯準會降息25個基點，巴西央行將基準利率下調50個基點至6%。

國際清算銀行追蹤全球38家央行動態的數據顯示，2019年以來，全球多家央行的累計降息幅度已經達到13.85個百分點。如果各家央行繼續保持當前的寬鬆步伐，未來12個月降息次數可能會達到58次左右，累計降息幅度為16個百分點。

每一輪寬鬆週期，都會引來截然不同的聲音。

針對聯準會此次降息，川普（Donald Trump）發推特稱，降得太少，

「聯準會再一次失敗」。川普認為,「聯準會應該讓我們的利率降到零,或者更低,然後應該開始為我們的債務再融資」。

一位經濟學家多次呼籲:「該降息了。」他認為,拿掉豬肉價格以後都是通縮,經濟下行壓力加大。[01]

有些人認為,這說明房地產商快斷糧了。經濟學家則稱,「降息降準就是大水漫灌」的理解是錯誤的,混淆了貨幣政策正常逆週期調節和貨幣超發的關係。

但是,市場中有不少人擔心,新一輪的貨幣寬鬆大潮將引發更嚴重的泡沫風險和債務危機。

降息是逆週期調節,還是貨幣超發、大水漫灌?

貨幣寬鬆會刺激經濟成長,還是會引發通貨膨脹、資產泡沫及金融危機?

排除利益與立場的雜音,經濟學家對此分歧大、共識少。人類目前沒有搞清楚貨幣政策對經濟成長是否有效,沒有搞清楚貨幣是中性還是非中性的,也沒有搞清楚貨幣供給量的變動能否影響實際產出、收入和就業量。

人類還沒搞懂貨幣的本質。

沒有搞懂貨幣本質,貿然開啟貨幣寬鬆大潮,就像在地圓學說提出之前,人類在茫茫大海中漂泊,不知所向,亦不知禍福。

---

[01] 任澤平、馬圖南、羅志恒:〈拿掉豬以後都是通縮,該降息了——點評 8 月物價資料〉,2019 年 9 月 3 日。

通膨，通縮

01 坎蒂隆效應 vs 休謨貨幣論

貨幣，何其複雜。人類最聰明的頭腦，都很難洞悉其真相。

亞當斯密（Adam Smith）在《國富論》（*The Wealth of Nations*）中論述貨幣的起源時，這樣說道：

「據說，衣索比尼帝國以鹽為商業變換的媒介；印度沿海某些地方，以某種貝殼為媒介；維吉尼亞用菸草；紐芬蘭用乾魚丁；中國西印度殖民地用砂糖；其他若干國家則用獸皮或鞣皮。據我所聞，直到今日，蘇格蘭還有個鄉村，用鐵釘作媒介，購買麥酒和麵包。」[02]

亞當斯密緊接著提出了一個問題：是什麼決定了這些貨幣具有交換價值？比如說，水的使用價值很大，但是我們不能用水交換到任何東西。

這些貨幣是否存在一個本質的屬性？

亞當斯密給出的答案是，貨幣裡面凝結的是人類的勞動。這些勞動價值促使貨幣具備價值尺度、交易媒介及儲藏功能。

不過，亞當斯密最好的朋友大衛・休謨（David Hume）的觀點則有些不同。

休謨是李嘉圖（David Ricardo）之前對貨幣問題論述最為系統的一位經濟學家。

休謨認為，貨幣只是用來計算或代表商品的價值符號。貨幣本身沒有價值，只有在充當交換媒介時才有自己的價值。

休謨提出了最早的貨幣數量論。他認為，貨幣數量決定商品的價格，人為地增加貨幣的數量對一國並無好處。貨幣增加，並不會導致財富增加。

---

[02] 亞當斯密：《國富論》，郭大力、王亞南譯。

奧地利學派哈耶克（Friedrich Hayek）將這種理論概括為「貨幣中性」。休謨可謂是貨幣中性理論最早最完整的表述者。

若貨幣中性成立，央行不論如何增加貨幣，對實際經濟產出都無影響。換言之，貨幣增加無法刺激經濟成長。

貨幣本身到底是否有價值？貨幣能否代表財富？貨幣增加真的對經濟成長毫無用處嗎？休謨的答案是否定的，亞當斯密的觀點沒有休謨堅定，但他認為貨幣本身凝結的勞動是有價值的。

比休謨還早的一位經濟學家理察・坎蒂隆（Richard Cantillon），對貨幣的認知與休謨大不一樣。

坎蒂隆是一位極為精明、勇於冒險的金融家，他在約翰・羅（John Law）製造的密西西比泡沫中大賺了一筆。坎蒂隆只寫過一本著作──《商業性質概論》（*Essai sur la Nature du Commerce en Général*），該著作已成為傳世經典。

在書中，坎蒂隆表達了與休謨完全不同的主張，強調貨幣流通的非均衡性。坎蒂隆觀察到，貨幣量增加會導致不同商品和要素價格漲幅不一致。貨幣增量並不會同一時間反映在所有的價格上，這一現象與貨幣中性相背離。貨幣量增加對經濟的影響，取決於貨幣注入的方式、管道以及誰是新增貨幣的持有者。

坎蒂隆認為，貨幣量增加會對物價產生影響，但是在流通貨幣量增加水準和物價上漲水準之間，並不存在嚴格的比例關係。

這個理論被後人稱為「坎蒂隆效應」。

貨幣發給誰、以什麼樣的方式注入對經濟的影響完全不同。比如，增發 1 兆元貨幣，給房地產企業，或注入股市，或購買國債，抑或是直接發

給低收入者，對經濟的影響完全不同。

根據坎蒂隆效應，我們可以看出發行貨幣並不是有利於所有人，或者對所有人的影響都是一樣的。因為貨幣發行之後，還有一個再分配的過程。先獲得貨幣的人更先推動價格上漲，對於後獲得貨幣或無法獲得貨幣的人來說，通膨將為他們帶來損失。

所以，貨幣增發容易導致貧富差距擴大或收入失衡。

坎蒂隆堅持的是貨幣非中性理論，現實的經濟狀況似乎也更符合坎蒂隆效應。過去40多年，全球貨幣發行量大規模增加，但並未引發通貨膨脹，雖然資產價格和債務規模大幅度上漲，但這與歐美國家的央行單一制目標有很大關係。

全球各主要國家央行都在利用坎蒂隆效應，試圖改變貨幣注入的方式，改變貨幣的傳導機制，以實現刺激經濟成長、避免通膨之目的。

比如，歐洲央行重啟QE，透過資產購買計畫，將資金直接注入債市。美國政府認為通膨率很低，希望聯準會將利率降到負數，以幫助政府融資。

坎蒂隆認為，貨幣用於消費可直接推動物價上漲，若用於再投資則未必會引發通膨。亞當斯密和馬克斯・韋伯（Max Weber）都主張節儉，認為節儉能帶來資本累積，促進資本主義再投資。

正如一些國家，高儲蓄和高貨幣轉化的大量資金流入基建領域，將產能龐大的基建和房地產作為貨幣的蓄水池，而美國則把股市、債市作為貨幣的蓄水池。

在歐美高福利國家，通膨被壓制住了，資產價格居高不下，對窮人和富人都是有利的。窮人享受了低通膨和高福利的雙重好處，富人則享受了

高資產價格帶來的財富膨脹。只有中產階級,既難以獲得更多公共福利,又承擔著因房價膨脹帶來的鉅額債務負擔。

在坎蒂隆效應的作用下,全球中產階級資產逐步緊縮,世界正在陷入一種極右或極左的不穩定狀態。

坎蒂隆對貨幣及商業的觀察比休謨更加細膩入微,他對均衡思想深表懷疑。

坎蒂隆思想深受前輩威廉·配第(William Petty)的影響。配第是勞動價值論的鼻祖,坎蒂隆繼承了這一思想。坎蒂隆推崇金銀,認為金銀是一種易於運輸、不會腐爛、可按重量分割的物質。

受勞動價值論的影響,坎蒂隆認為貨幣本身也是有價值的,而不僅僅是交易媒介。按照坎蒂隆的理論,改變貨幣供應量,調整貨幣傳導機制,顯然是對經濟成長有重要影響的。

坎蒂隆和休謨都是早期貨幣數量論的代表,但二者的主體思想完全不同:坎蒂隆強調貨幣非中性,支持貨幣政策具有有效性;休謨則強調貨幣中性,不支持貨幣政策。

到底是坎蒂隆「只見樹木不見森林」,還是休謨過於理論化?

在後繼者中,亞當斯密、大衛·李嘉圖表現得都比較中庸。

他們堅持勞動價值論,支持貨幣本身有價值,同時也支持休謨的貨幣中性理論。他們都認為,貨幣的價值取決於貨幣的供應量。史都華·密爾(John Stuart Mill)的觀點稍有不同,他認為貨幣只是「一種機械」,發揮交易媒介的作用,不支持貨幣非中性。

因此,在很長一段時間,貨幣中性統治了古典主義理論體系。

坎蒂隆的思想對法國魁奈(François Quesnay)、米拉波侯爵(Victor de

Riquetti, marquis de Mirabeau）及重農主義者影響極大，但是並未形成主流。英國傑出經濟學家傑文斯（William Stanley Jevons）發現了坎蒂隆的思想的價值，但是新古典主義並未給他的思想留下太多生存空間。

後來，瓦爾拉斯（Léon Walras）的一般均衡理論、費雪（Irving Fisher）創立的費雪方程式、馬歇爾（Alfred Marshall）和皮古（Arthur Cecil Pigou）創立的劍橋方程式，為古典貨幣數量論蓋棺定論，即貨幣數量決定著物價水準，而不能影響社會總產出水準。

02 傅利曼貨幣主義 vs 現代貨幣理論

費雪方程式對後世的影響很大，但是費雪與李嘉圖、瓦爾拉斯一樣，繼承了洛克（Locke）的主張，將貨幣需求視為既定，從而將貨幣問題簡單化。

擅長折中的馬歇爾，表面上建構了一個與費雪類似的方程式。

但是，馬歇爾與皮古師徒二人認為，貨幣需求會受到利率的影響。

這個口子，又重新激發了人們對貨幣複雜性及其真實本質進行探索的熱情。

凱因斯（John Maynard Keynes）是馬歇爾的弟子，然而凱因斯的重要理論都與其老師背道而馳。不過，馬歇爾留下的這個口子，對凱因斯影響很大。

凱因斯認為，利率水準對貨幣需求產生影響。這促使他關注人們持有貨幣的動機。若利率下降，人們更願意借貸用於投資擴張。當然，凱因斯也認為，貨幣政策是不可靠的，因為會出現「流動性陷阱」，即當利率足

夠低時，人們會將錢窖藏起來，既不投資也不消費。

凱因斯對貨幣政策不夠信任，但對貨幣非中性深信不疑。他認為，在有效需求不足時，降低利率水準，支持財政融資，增加投資需求，可以擴大產出，刺激經濟成長。

在凱因斯看來，貨幣供應量不僅影響物價，還會對國民收入產生間接影響。貨幣供給，經由利率、投資及投資乘數作用而作用於國民收入。

另外，瑞典學派創始人維克塞爾（Knut Wicksell）也對貨幣中性提出質疑。他認為，貨幣只有在銀行利率與自然利率相等時才是中性的，否則經濟會發生累積性擴張或收縮，貨幣就不是中性的。

自從凱因斯主義問世以來，人們在很長一段時間都信奉貨幣是非中性的，增加貨幣供給可以刺激經濟成長。於是，很多國家都採用了凱因斯式的經濟政策，即在經濟下行時，透過貨幣寬鬆與財政擴張配合，實施逆週期調節。

但是，1970年代，長期實施的凱因斯式經濟政策導致美國爆發滯脹危機。人們不得不懷疑從坎蒂隆到凱因斯的貨幣非中性主張。

此時，新自由主義崛起，將凱因斯主義趕下神壇。其中，米爾頓・傅利曼（Milton Friedman）開創的貨幣主義打中了凱因斯主義的七寸。

我們知道，傅利曼堅持貨幣中性理論。但是，他的理論常常被人們誤解。

傅利曼與凱因斯一樣，也是從馬歇爾的現金餘額論中獲得了啟發。傅利曼強調，貨幣數量論應該從貨幣需求著手，關注人們持有貨幣的動機。但是，傅利曼得出的結論卻與凱因斯完全不同。

在傅利曼看來，貨幣需求獨立於貨幣供給。傅利曼提出了永久收入假說，反駁了凱因斯的有效需求不足理論。

在他看來，人們對貨幣的需求是極為穩定的，不容易受到利率等因素的影響；同時貨幣流通速度也高度穩定。他得出的結論類似於費雪，即貨幣供給決定物價。貨幣供應量增加，對經濟成長無益，只會引發通膨。

傅利曼比費雪、馬歇爾、凱因斯更進一步的是，他意識到了貨幣的重要性。傅利曼雖然支持貨幣中性理論，但是他並不像費雪、密爾、休謨等一樣將貨幣僅視為交易媒介，也不像凱因斯一樣不信任貨幣政策。

相反，傅利曼認為，貨幣是極為重要的。若增加貨幣供應，人們會產生「貨幣幻覺」，從而引發短期的貨幣非中性，影響社會產出和就業水準。

「貨幣幻覺」是費雪提出來的。它反映了當貨幣量增加時，人們產生實際收入增加、需求擴張的幻覺。比如，當貨幣超發時，需求增加，價格上漲，企業收入增加，企業家容易產生「貨幣幻覺」，誤以為是需求擴張、供不應求，於是擴大產能、增加工人，從而在短期內導致國民收入增加、經濟過熱。

但是，傅利曼並不支持貨幣長期中性，認為這其實是一種幻覺。當企業家反應過來，意識到這是一種短期的通膨現象時，定然會縮減產能、解僱工人，這樣產出和就業就又恢復到之前的水準。

傅利曼強調，這種不當的政策容易引發經濟波動。理性預期學派創始人盧卡斯（Robert Emerson Lucas, Jr.）、奧地利學派米塞斯（Ludwig von Mises）和哈耶克都支持這種觀點，認為不當的貨幣政策是經濟波動的主要原因。

米塞斯和哈耶克針對此提出了商業週期理論，預測了 1929 年那場大危機。傅利曼也從貨幣政策入手，認為 1929 年那場大危機之所以引發大蕭條，是因為聯準會實施了不當的緊縮措施。

總結起來，傅利曼強調貨幣政策的重要性，並不是說貨幣供給對經濟成長有益，而是說恰當的、穩定的貨幣政策對於穩定經濟極為重要。

反映到貨幣政策層面，傅利曼提出，透過控制貨幣數量可以穩定貨幣價格。他甚至建議按照GDP增量的比例設定每年的貨幣增量比例，並戲言廢除聯準會，以電腦取而代之。

1980年代開始，在聯準會主席保羅・沃克（Paul Volcker）的主導下，聯準會的貨幣政策逐漸從以控制利率為目標轉向以控制數量為目標，並推行單一制目標。

沃克領導聯準會控制了肆虐近十年的高通膨，傅利曼走上人生巔峰，貨幣主義獨步天下。

傅利曼其實是最接近貨幣真相的經濟學家。傅利曼貨幣主義的內在精髓即將貨幣視為一種資產，而不是簡單的交易工具。

貨幣為何是一種資產？

貨幣若是金銀、羊皮、稻米，則可視為資產；若是紙幣，還是資產嗎？傅利曼是否與亞當斯密、李嘉圖一樣，將貨幣視為有價之物？

傅利曼將貨幣視為資產，但理由與亞當斯密、李嘉圖等不同。

傅利曼在《貨幣的禍害》（Money Mischief）中描述了這樣一段故事：

「二戰」後的德國，舊馬克崩潰。傅利曼以顧問的身分去德國時，在當地可以使用香菸作為貨幣替汽車加油。當時，德國不少人將香菸作為貨幣用於交易。傅利曼發現，在德國，香菸逐漸成為貨幣之後，其價格要比之前高不少。為什麼？

簡單的答案是，香菸的需求增加了。但為什麼需求會增加呢？

原因是，香菸在之前的消費品的基礎上多了一種功能，即交易功能。

通膨，通縮

　　這一發現無疑是非常重要的。貨幣不管是香菸、稻米，還是金銀、紙幣，其最核心的價值便是交易功能。

　　換言之，只要具備交易功能的貨幣，本身便有價值。反過來，若失去了交易功能，這種貨幣便失去了這部分價值。

　　傅利曼總能夠以最簡明的語言表述最深刻的理論。他的貨幣主義極大地減少了央行的工作，讓貨幣政策更加透明而高效，為央行貨幣工作開創了新局面。

　　央行貨幣政策目標簡單明確，即控制好總量，保障總體經濟穩定，但它不能作為調節或刺激經濟的手段。

　　進入1990年代後，美國開始推行預算平衡法案。這個法案約束了聯邦政府的財政擴張能力，從而在相當程度上削弱了財政政策對經濟的刺激作用。

　　這本來是一件好事，但是，當政府財政政策受限後，聯準會開始調整貨幣政策。聯準會主席葛林斯潘（Alan Greenspan）放棄實行了十餘年的以調控貨幣供應量來調控經濟運行的貨幣政策，而以調整利率作為對經濟實施總體調控的主要方式。

　　這就是「泰勒法則」。

　　「泰勒法則」是史丹佛大學的約翰・泰勒（John Brian Taylor）提出來的。泰勒認為，應保持實際短期利率穩定和中性政策立場，當產出缺口為正（負）和通膨缺口超過（低於）目標值時，提高（降低）名目利率。

　　如今的聯準會及世界主要央行都在奉行泰勒規則。不可否認，這是一種簡單明瞭的貨幣操作原則。但是，泰勒規則放棄了貨幣數量控制，只訴諸利率手段，實際上為財政赤字貨幣化融資留下了後門。

這已經嚴重背離了傅利曼貨幣主義控制貨幣總量之精髓。

伴隨著聯準會政策的轉向，一種復興凱因斯主義的貨幣理論——現代貨幣理論（MMT）出現了。

現代貨幣理論屬於後凱因斯主義經濟學的一部分，是凱因斯思想在貨幣領域的延伸。目前，這一理論受到美國各界痛斥。

美國經濟學家蘭德爾・雷（L. Randall Wray）（師從美國後凱因斯主義者明斯基〔Hyman Minsky〕）等人綜合了以凱因斯為代表的凱因斯主義、克納普（Georg Friedrich Knapp）的國家貨幣理論、英尼斯（Harold Innis）的內生貨幣理論、勒那（Abba P. Lerner）的功能財政理論、明斯基的金融不穩定假說和戈德利（Wynne Godley）的三部門均衡理論，開創了這個理論。

蘭德爾等人提出了不一樣的貨幣起源學說，他們認為，貨幣只是一個記帳工具，可以理解為欠條。國家發行貨幣，實際上是幫助市場解決交易問題，促進市場交易便利。

蘭德爾等人認為，政府發行債券與發行貨幣是一樣的。貨幣是欠條，債券也是欠條，都只是記帳工具。所以，他們認為，政府發行債券不是為了借錢，而是與發行貨幣一樣，為了使市場交易便利。

所以，現代貨幣理論認為，政府不需要關注債務，只要維持利率穩定，發行貨幣即可融資。換言之，只要利率穩定，就可以不斷地發行貨幣，然後大規模地借債融資。這樣，政府就可以依靠發行貨幣獲得收入，而不僅是依靠稅收。

實際上，現代貨幣理論是一個典型的財政赤字貨幣化理論，它支持財政赤字貨幣化。

這個理論看起來有些匪夷所思。那麼為什麼這個理論在歐美世界流行？

03 奧伊肯貨幣優先論 vs 白芝浩最後貸款人

在 2008 年金融危機之後，全球主要國家央行進行大規模的量化寬鬆，推行財政貨幣赤字化融資，實際上認同並採用了現代貨幣理論。

自現代貨幣理論流行起來後，人們對貨幣的認知再次重返迷途，告別了傅利曼時代的清晰與簡單。

其實，當年傅利曼將貨幣的交易功能單獨區分開來，已經洞悉了貨幣的本質。他在大量的著作中都闡釋了這一主張，但可惜的是他並未捅破這層窗戶紙。

傅利曼的好友張五常自稱對貨幣理論並不精通，但他卻一語道破貨幣的天機──「一紙鈔票或一紙支票，皆合約也」。

作為新制度經濟學家，張五常擅長從合約的角度看問題。他認為，美元上印刷的「This note is legal tender for all debts, public andprivate」（這張紙幣可以合法支付任何公共及私人債務），以及港元上印刷的「Promises to pay the bearer on demand」（憑票即付），都是合約之辭。

確實，曾經的稻米、羊皮、貝殼等商品貨幣以及金銀等金屬貨幣，誤導了世人幾百年。經濟學家誤以為貨幣的本質是一般等價物。其實，貨幣只是一紙合約，一紙用於解決市場交易費用（流動性問題）的公共合約。

傅利曼將貨幣視為一種資產並沒錯。但貨幣為何是資產？貨幣之所以能夠成為資產，是因為它是一紙合約──債務憑證或叫應收票據。

貨幣是不是金銀，是不是商品，是不是紙幣並不重要，重要的是貨幣作為一種合約憑證，能否解決交易流動性問題，能否發揮交易媒介的作用，能否降低交易費用。

交易費用最低的交易媒介便是最好的貨幣。何為交易費用最低的貨幣？

答案是：幣值穩定的貨幣。只有價格穩定，貨幣才有信用，人們才敢持有這種貨幣。反之，則會令人們避之唯恐不及，甚至一文不值。

幣值穩定是貨幣的靈魂。

在商品貨幣、金屬貨幣及金本位時代，貨幣中性與否其實並不重要。凱因斯之前的經濟學家大多將貨幣界定為外生屬性的，甚至不將貨幣納入經濟學範疇。這並不重要，因為在那個年代，貨幣受商品實物或金屬約束並不容易擴張。換言之，貨幣可以保持相對穩定的價格，因而守住了貨幣的靈魂，不容易爆發貨幣或債務危機。

但是，自從1971年布列敦森林制度崩潰之後，人類進入信用貨幣時代，貨幣中性與否就變得極為重要。因為各國央行難以守住發幣紀律，容易濫發貨幣。

傅利曼在《美國貨幣史》(*A Monetary History of the United States, 1867–1960*) 一書中，使用了接近100年的歷史資料說明了一個道理：但凡幣值穩定，總體經濟都穩定；但凡幣值不穩，總體經濟就地動山搖。

從貨幣改革歷史來看，1980年代初聯準會主席沃克降服了通膨，穩住了美國經濟；1946年，德國政治家艾哈德 (Ludwig Erhard) 穩住了物價，推動了德國經濟戰後復甦。反之，「一戰」後的德國威瑪政府、「二戰」中的國民政府、1970年代的美國福特 (Gerald Ford) 政府及卡特 (Jimmy Carter) 政府，都在高通膨中吃了大虧。

從這裡足以看出弗萊堡學派創始人瓦爾特‧奧伊肯 (Walter Eucken) 的智慧。他認為，貨幣政策優先原則是根本性的原則，是整個經濟政策體

系的核心，央行必須把穩定貨幣作為其貨幣政策的首要目標。

奧伊肯說：「只要幣值的某種穩定性得不到保障，一切為實現競爭秩序的努力都是徒勞的。因此，貨幣政策對競爭秩序來說是占有優先地位的。」[03]

維持幣值穩定永遠高於一切總體經濟目標。當央行的這一政策目標與其他經濟政策目標發生衝突時，或穩定貨幣與經濟發展出現矛盾時，中央銀行必須頂住來自各方面的壓力，堅定不移地把穩定貨幣放在首位。

奧伊肯說，「不是經濟為貨幣作出犧牲，恰恰相反，幣值穩定，才能為經濟過程提供一個可使用的調節方式」，「堅定不移地把穩定貨幣放在首位，這樣做事實上是對其他政策目標的最大支持，也是對經濟發展的最大貢獻」。[04]

艾哈德奉行奧伊肯的理論推行經濟改革，成功地幫助德國建立了一條社會市場經濟之路。實際上，經濟學家廷貝亨（Jan Tinbergen）的廷貝亨法則、孟岱爾（Robert Mundell）的最優指派原則（大拇指原則）以及傅利曼的單一規則，都支持奧伊肯的貨幣政策優先原則。因為，奧伊肯的貨幣政策優先原則，不但命中了央行的獨立性，還命中了貨幣的本質。

貨幣最核心的價值便是交易媒介，其靈魂便是幣值穩定。奧伊肯抓住了貨幣的靈魂。

貨幣作為交易解決方案，擁有降低市場交易費用之價值，屬內生之物，而非外生屬性的。

因此，貨幣是非中性的。貨幣的多寡，會對產出、收入與就業產生影

---

[03]　瓦爾特・奧伊肯：《經濟政策的原則》，李道斌、馮興元、史世偉譯。
[04]　同上。

響。但是，貨幣非中性並不支持貨幣擴張或收縮。

貨幣與其他商品一樣（不支持洛克、李嘉圖的貨幣需求既定或無限需求學說），只有處於均衡狀態才是帕雷托效率（Pareto efficiency）的。貨幣發行量過大，或者發行量過小，都會對經濟產生負面影響。

從長期來看，受邊際收益遞減規律的支配，貨幣超發定然導致物價上漲、資產價格泡沫，最終經濟陷入崩潰或低迷——並非休謨、傅利曼所說的對產出及就業不產生影響。這一點，米塞斯與哈耶克的商業週期理論要比傅利曼更加精微。

因此，貨幣中性與否並不重要，重要的是貨幣應該處於均衡狀態——維克塞爾認為的「銀行利率與自然利率相等時」。當貨幣處於動態均衡時，貨幣量的增加或減少，都會對經濟產生促進作用。

這說明，更多的或更少的貨幣，都可以幫助市場出清。

不可否認，坎蒂隆和凱因斯對貨幣短期非中性的觀察是非常真實的。但是，他們並未洞悉貨幣的合約本質，將貨幣視為一種真實資產。事實上，只要貨幣偏離了均衡，這一資產就會縮水，甚至一文不值。

如今他國央行創新各種公開市場操作工具，這一做法本質上只是在拖延危機。讓多餘貨幣流入房地產，或流入股市，或流入基建，只是掩耳盜鈴之舉。危機（衰退）只會遲到，但從不缺席。

市場該出清時不出清，貨幣持續供應，定然會引發更為嚴重的危機。米塞斯認為：「由信用擴張帶來的經濟繁榮最終出現崩潰是無法避免的。只有兩種選擇，要麼放棄進一步擴張信用，使危機早一點來，要麼推遲危機的發生，讓整個貨幣體系都捲進來並最終爆發更大的危機。」[05]

---

[05] 路德維希・馮・米塞斯：《人的行為》，夏道平譯。

實際上，即使危機爆發，央行作為最後貸款人的拯救市場之舉亦值得商榷。

100多年前，英國經濟學家、《經濟學人》傳奇總編華特·白芝浩（Walter Bagehot）在《倫巴底街》（*Lombard Street*）中提出了「最後貸款人」原則：

「在金融危機時，銀行應當慷慨放貸，但只放給經營穩健、擁有優質抵押品的公司，而且要以足夠高的、能嚇走非急用錢者的利率來放貸。」

後人稱之為「白芝浩原則」。

雖然聯準會成立的初衷便是為聯儲銀行收尾，但是這一「天經地義」的「白芝浩原則」，實際上違背了貨幣這一公共合約本質，構成了公共利益悖論。

市場交易中都是私人合約和私人利益，無法包容「公共利益」的存在。政府若以公共利益干預市場，無論如何做，都會傷害另外一方，都會破壞交易公平。但是，貨幣是市場中唯一的公共合約。

這一公共合約的核心內容便是保持適量的貨幣供給，維持貨幣價格（信用）的穩定。

除此之外，定向降準，啟動QE，為金融機構及大型企業充當最後貸款人，都是打著「公共利益」的旗號，違反了貨幣的公共合約，違背了市場規律，破壞了市場的供給、價格、獎勵及懲罰機制。

因此，鑒於公共利益悖論，市場中貨幣這一公共合約不能有任何價值傾向，其唯一的使命便是維持均衡狀態，保持適量供應和幣值穩定。

如此便否定了凱因斯、漢森（Hansen）、薩繆森（Paul Samuelson）主張的貨幣政策逆週期調節之功能。

那麼,貨幣如何維持均衡?

傅利曼的辦法是控制貨幣數量。但是,投資銀行興起之後,市場到底需要多少貨幣已難以測量。孟岱爾和張五常都曾向傅利曼提出過這個問題。

傅利曼認為,貨幣需求極為穩定,貨幣增量只要與經濟增速保持適當的比例即可(低通膨)。傅利曼甚至主張將貨幣增量目標以立法、電腦控制的方式來實現,以規範聯準會的發幣紀律。

傅利曼的做法簡單粗暴,但更能抵抗人性之貪慾、恐懼與「道德聖人」。

孟岱爾的辦法則是以通膨率為目標,只要釘住通膨率,即可維持貨幣均衡。但是,物價只是幣價之一,利率、匯率、資產價格都是幣價的尺度。孟岱爾相當於支持了泰勒法則。

過去40年,歐美國家物價穩定,資產價格卻居高不下。這就是現代央行放棄傅利曼數量論、堅持泰勒法則所導致的。

傅利曼認為無錨貨幣始終是劣質貨幣制度,他在《經濟解釋》(*Economic Explanation*)中提出了「以物品成交價做指數為錨的理想貨幣制」。但此理想貨幣制,或許與當今以通膨率為目標的無錨貨幣制並無本質區別。

不過,受此啟發,建立一個以物價為基礎,包含利率、外匯、房地產及資產價格因子的綜合物價指數,作為貨幣政策之目標,或許更為科學。

如此探尋貨幣之均衡,即可區分何為「大水漫灌」,何為柏拉圖改善。

貨幣,深不可測。貨幣本質及規律不明,貿然釋放貨幣,猶如盲人瞎馬。今日之世界,寬鬆大潮來襲,貨幣更可能是一隻「灰天鵝」(「灰犀牛」與「黑天鵝」)——一種似乎可預知,但不可預見,且危害比預期更為嚴重的風險事件。

通膨，通縮

　　哈耶克曾經告誡世人，笛卡兒（René Descartes）理性主義導致人們犯下一個嚴重的錯誤——「致命的自負」，他認為「貿易和貨幣是一個超出理性全盤理解力的神奇世界」。但是，當今之世界，比任何時候都更加需要理性與敬畏，以及傅利曼式學者、沃克式英雄。

■ 參考文獻

[1] 亞當斯密，國富論［M］，郭大力，王亞南譯，2015。

[2] 大衛‧休謨，休謨經濟論文選［M］，陳瑋譯，1984。

[3] 理察‧坎蒂隆，商業性質概論［M］，余永定譯，1997。

[4] 米爾頓‧傅利曼，安娜‧J‧許瓦茲，美國貨幣史［M］，巴曙松，王勁松等譯，2009。

[5] 米爾頓‧傅利曼，貨幣的禍害［M］，安佳譯，2006。

[6] 張五常，經濟解釋［M］，2015。

[7] 瓦爾特‧奧伊肯，經濟政策的原則［M］，李道斌，馮興元，史世偉譯，2014。

[8] 華特‧白芝浩，倫巴底街［M］，劉璐，韓浩譯，2017。

[9] 哈耶克，致命的自負［M］，馮克利，胡晉華譯，2000。

「大疫水牛」與「剛性泡沫」

　　2020 年的上半年，房市整體抗跌、局部大漲，股市長期低迷、短期瘋漲。經濟蕭條，貨幣寬鬆，房市、股市上漲，皆為貨幣現象。

自2008年金融危機以來，貨幣政策導致全球經濟分化，呈現「實體經濟通縮，資產市場通膨」。2020年，新冠疫情及「大疫寬鬆」加劇了這一趨勢。

本節探索全球疫情對實體經濟衝擊下，資產泡沫和實體通縮兩極化現象，及其背後的經濟學邏輯。

01 宏觀總量與微觀邏輯

貨幣現象可以用來解釋經濟低迷時的資產（股票與房地產）價格上漲：新冠疫情重創全球經濟，各國央行啟動寬鬆政策，導致市場資金氾濫，流向股市和房市，導致資產價格上漲，實體經濟低迷。

從宏觀總量來看，這種觀點是成立的。但是，這個邏輯並不符合個體經濟學。

為什麼？

首先，新冠疫情重創全球經濟，商業銀行在經濟蕭條、低迷時不可能大規模發放信貸，相反會緊縮信貸。如此，市場資金不是氾濫，而是減少，出現通貨緊縮，而非資產價格上漲。

其次，企業與個人在經濟蕭條中會選擇捂緊口袋，甚至窖藏貨幣，而不是選擇投資股市、房地產。如此，市場中的資金也會減少，資產價格下跌。

最後，經濟蕭條時，房地產公司資金鏈吃緊，金融系統的風險大增，不會擴大投資以致土地和股票市場過熱。

個體經濟學的邏輯是沒有問題的，它揭示的是經濟的一般規律。如果現

通膨，通縮

實經濟與個體經濟學的邏輯發生了衝突，那麼只能說明現實市場出了問題。

問題出在哪裡？

首先，商業銀行的非市場化。

2020年7月11日，某國的中央銀行公布的資料顯示，上半年貸款增加12.09兆元，比起去年同期多增2.42兆元。其中，住戶部門貸款增加3.56兆元，公司企業貸款增加8.77兆元。製造業中長期貸款成長速度創2011年2月以來新高。

一個問題是：新冠疫情走向未定，全球經濟蕭條，很多企業都減少投資，哪裡吃得進這麼多新增貸款？信貸都批給誰了？另一個問題是：市場風險龐大，商業銀行為何還大規模擴張信貸？

這是因為，商業銀行的信貸發放存在一定的制度傾向。同時，考慮風險因素，商業銀行向國有企業及大型企業提供信貸的比重較高。疫情期間，私人投資風險意識上升，商業銀行增加了對國有企業和大型企業的信貸發放。

擴張信貸，商業銀行的風險是否增加？

根據公布的資料，2019年，商業銀行累計實現淨利潤2兆元，平均資本利潤率為10.96%。2020年，監管部門對部分銀行進行指導，要求控制上半年的利潤增速，「不良應核盡核，利潤要做實」。

除了利潤豐厚，商業銀行的資本充足率也很高，核心一級資本充足率達到10.75%（2017年），超過《巴塞爾協議》核心資本充足率8%的標準。

不過，資本充足率、利潤規模等指標無法反映商業銀行的真實風險水準。商業銀行市場並非完全競爭市場，其經營狀況和風控能力的評估還需要考慮其他因素。

一般來說，經濟蕭條時，商業銀行擴張信貸是非常危險的，緊縮銀根

才是正常操作。流動性陷阱並不是市場失靈，它恰恰說明市場在顯靈。凱因斯學說強調，在經濟蕭條時，政府更要積極投資。

無數債務危機的例子告訴我們，政府信用也不是無限的，國家也可能會破產，尊重市場規律才是正道。

其次，貨幣當局的非市場化。

美國的商業銀行是完全市場化的，但是聯準會是公共機構。在2008年金融危機和2020年疫情災害發生後，商業銀行都捂緊口袋減少信貸發放，但是聯準會跳過商業銀行，直接向企業發放貸款，在市場中購買國債、抵押債券、企業債和ETF債務。

貨幣是國家化好，還是市場化好，一直存在爭議。央行的貨幣政策失當，對市場的扭曲是顯而易見的。2020年，經濟萎縮，聯準會卻直接向金融市場「注水」，使股票價格強勢反彈。

最後，房地產的非完全市場化。

每個經濟體的土地制度有所不同，一些經濟體的土地供應不是市場化的，供應管道單一。

一些非市場化因素疊加導致疫情初期的資產價格上漲。比如美股價格上漲，某城市房價上漲。2020年6月，該地二手房價比起去年同期漲幅達到了14.55%的高峰，與前期相比上漲1.48%，兩者均居百城首位，其中，與去年同期相比，漲幅甩開第二名10多個百分點。當時市場預期調控政策即將發表，二手房市場聞風而動，成交量在6月破萬間，創近4年以來新高。

令很多人沒想到的是，比該地房市更為火熱的是土地出讓市場。2020年上半年，土地市場整體「量跌價漲」，土地出讓金總額達到2.54兆元，

成交樓面均價比上年同期上漲 16%。

所以，是商業銀行、貨幣當局導致市場失靈，使貨幣氾濫於市場。在上述案例中，大量貨幣流入非完全市場化的房地產，扭曲了房地產價格；閃襲長期萎靡的股市，製造了「大疫水牛」。在美國，聯準會直接向金融市場輸血，製造了「剛性泡沫」。

02 「大疫水牛」和「剛性泡沫」

基於以上原因，銀行系統放水於市。這股洶湧的「洪水」非常危險：

流到商品市場，造成通貨膨脹；流到資本市場，產生資產泡沫；流到實體經濟，出現產能過剩；流到政府部門，發生債務危機；流到商業銀行，使利率下跌。

可將這股「洪水」定義為人類製造的「太空入侵者」。

那麼，這群「太空入侵者」現在在哪裡？

某國央行資料顯示，2020 年上半年存款增加 14.55 兆元，比起去年同期多增 4.5 兆元。其中，住戶存款增加 8.33 兆元，非金融企業存款增加 5.28 兆元。2020 年上半年新增存款大於新增貸款，而上年新增存款 15 兆元小於新增貸款 17 兆元。

簡單來說，貸出去的資金，又存入了商業銀行，錢在商業銀行系統中打轉。

所以，有些人認為，即使多發貨幣也不會導致通貨膨脹或資產泡沫，因為企業和個人會把錢儲蓄起來。

這其實是一種誤解。經濟學將銀行存款列為儲蓄，其實是錯誤的。真

正的儲蓄是家裡的現金、電子錢包和電子支付餘額中的資金。

你將錢存入商業銀行，其實是一項投資。

長期以來，商業銀行的剛性兌付及央行為商業銀行收尾（「最後貸款人」），讓我們誤以為銀行是「保管箱」。但實際上，商業銀行既不是「保管箱」，也不是資金撮合中介。商業銀行是資訊中介，更是信用中介。商業銀行的工作與信託、基金等金融機構無異，負責資金的跨時空配置。

所以，我們將錢存入銀行定期，其實是向銀行買了一份標準化的投資產品，可獲得定額的回報。我們在電子錢包中的資金是儲蓄，用這筆錢在理財 APP 中買入貨幣基金、保險產品、證券商產品都是投資理財，將這筆錢存入支付 APP，或提現到提款卡變為存款，也是投資理財。

花大篇幅分析這一點，是為了說明這股「洪水」其實已經流入了投資市場。

「太空入侵者」首先入侵的是商業銀行系統，導致資本產能過剩。嚴格來說，它的邏輯是這樣的：央行寬鬆貨幣政策→商業銀行擴張信貸→衍生廣義貨幣→存入商業銀行→利率下跌→擴張信貸……

我們可以看到，歐美國家近百年利率持續下跌，如今已進入零利率（負利率）時代。這就是「太空入侵者」入侵產生的第一輪衝擊波。衍生貨幣對商業銀行系統自身造成了反覆衝擊。

在歐美國家，由於存款利率極低或為零，投資者不願意將錢存入銀行，而是投入股市、期貨、基金等資本市場及房地產市場，進而製造大牛市。如 1983 年到 2007 年，美股、房地產掀起了一波長達 20 多年的大牛市（不排除「科技牛」因素）。這是第二輪衝擊。

再看另一個案例。某國利率不是市場化的，長期維持高利率，吸納儲

通膨，通縮

戶存款，所以該國的儲蓄率比較高。這股「洪水」大量滯留在商業銀行系統中，受益最大的是商業銀行，中小私人企業仍然融資難、融資貴。

不過，為了降低金融風險，該國正在引導利率下行。受疫情衝擊，一些因投資收縮而滯留在銀行的資金在尋覓投資機會。商業銀行也在銷售基金產品以提高收益率。需要注意的是，該國金融體系正向混業經營轉型，商業銀行可獲得證券牌照。

我們看兩個資料：2020年上半年，該國全國基金的銷量達到了10,000億份；非銀行業金融機構存款減少了7,446億元。可見，不少資金進入了基金市場，基金機構及投資銀行可能將部分資金配置在股票市場中。當然，也有一些人在搶購房子。

這就構成了對該國的第二輪衝擊。2020年上半場，該國房地產依然抗跌，股票也突然大漲。怎麼評價這次股市行情？

每年基金、證券商機構都會做一波小行情以尋求基本的收益率，主要特點是結構性的行情，建倉概念股、獨角獸、龍頭股。2020年上半年的小行情被疫情壓制，但氾濫的資金外溢到機構，機構流動性更加充足，開啟常規的小行情。由於市場流動性氾濫及報復性情緒，大量資金入場，股市短期大漲。

如今，全球總體經濟中的「黑天鵝」隨時可能閃襲資本市場，「灰犀牛」危險亦未解除。

該國股市有沒有可能像美股那樣，在經濟低迷時依然保持大牛市？

可能性不大。美股大牛市，有「注水牛」，也有「科技牛」。美股市值主要靠蘋果、Google、微軟等科技公司支撐，但是該國股市市值沒有科技支撐。

聯準會可直接向美國金融市場「注水」，該國央行目前還不可以。聯準會向市場注入的是美元，美元依然是世界上「最不爛的貨幣」。與全球其他市場相比，國際投資者更願意在資本市場完善、美元「注水」的美股中賭一把。

聯準會直接向金融市場「注水」產生了第三輪衝擊，即第三輪衝擊的來源並不是商業銀行製造的「太空入侵者」，而是貨幣當局。

但是，二者是相互關聯的，央行寬鬆的政策促使商業銀行信貸擴張。2007年，信貸氾濫引發資產泡沫，導致次貸危機。2008年，全球金融危機爆發，商業銀行無法收拾殘局且自身難保，聯準會出手，用基礎貨幣締造了另一個「太空入侵者」。

第三輪衝擊直接推高了資產泡沫，同時刺激美國聯邦政府債務大規模擴張。

這三波「洪水」，從貨幣衍生到衝擊銀行系統，最後波及金融市場及全球經濟。它像水壩洩洪時的急流，在需求端推高價格，在供給端拉低邊際收益率，在市場中衝出一道「裂痕」：大部分資金流入了商業銀行、資本市場、房地產市場及政府部門（債務市場），極少流入商品市場、實體經濟。

1970年代，經濟學家擔心的是，貨幣發行太多引發物價上漲，通貨膨脹。而如今，貨幣已到天量，通膨未爆發，歐美長期通縮，資產價格卻持續上漲。

自2008年金融危機以來，全球經濟演變出相似的格局：實體經濟通縮，資本市場通膨，政府債務膨脹。

這是為何？

通膨，通縮

03 通膨效應和通縮危機

經過了 1970 年代這場滯脹危機後，歐美國家的貨幣政策目標轉向控制通膨。90 年代開始，不少國家的央行以控制通膨率為唯一的政策目標，聯準會將其列為三大目標之一。

這樣一來，歐美銀行系統為了不觸碰緊縮政策的紅線，有意將貨幣更多地配置在資本市場、投資領域，而非消費領域。

不過，若按寇斯定律，不論貨幣最初的產權如何安排，貨幣都會流向該流向的地方，不會出現旱澇兩極分化。

比如，當資本市場出現泡沫或泡沫破滅時，資本就會撤離，進入實體投資甚至消費市場。

但是，貨幣為什麼沒在實體經濟與資本市場之間來回遊走？

最主要的原因是，一次次救市改變了市場預期，扭曲了人們的行為，導致資本長期滯留在金融系統。

比如，新冠疫情擊穿美股，市場預期聯準會及美國政府出手救市。超乎市場預期的是聯準會出手之迅捷、凶猛，直接下水，敞開大門，對聯邦政府予求予取。於是，大量資金依然湧入金融市場，美股迅速反彈，美債繼續膨脹。

再如，某些國家房市為什麼長期單邊上漲？「大熱必調，稍冷又鬆」讓人們產生了房價只漲不跌、政府不會讓房價跌的想法。如此，長期、大量的資金進入房市追高房價。

貨幣是一劑強效藥，容易讓人上癮，引發通膨效應，從而加劇市場的割裂。

例如，1970年代美國爆發滯脹危機時，通膨越凶猛，人們因擔心貨幣貶值，越是擴大消費，甚至不惜借貸消費；越是擴大消費，貨幣需求量就越大，銀行印發更多貨幣，通膨就更加凶猛。

當時聯準會的政策反反覆覆，讓人不知如何是好。

1979年，保羅・沃克在聯邦政府面試聯準會主席一職時，對卡特總統說，要大幅度提高利率，控制貨幣供應。之後三年，美國利率大漲，經濟跌入谷底，市場出清，刮骨療傷，浴火重生。

再看2014年前後，某國大量貨幣進入實體經濟，引發嚴重的產能過剩。越是負債率高，越是產能過剩，越渴望獲得信貸以度過難關，如此又進一步提高了負債率。2015年底，該國開始去產能、去槓桿，這個過程是非常痛苦的。

最後看資本市場的通膨效應。房價、股價迅速上漲時，貨幣則快速貶值，投資者擔心貨幣貶值，焦慮追漲。

我身邊就有兩個例子。2020年上半年，某地房價上漲迅速，一位朋友焦慮不安，緊急入手第二間房，作為退休後的養老房，但他距離退休還有十年左右；另一位朋友做服裝生意，手上有幾百萬元餘錢，受疫情衝擊不願意再投資自己的主業，投入火熱的預購屋抽籤中，其間股市上漲，資金又被購屋鎖倉，他便一直擔心預購屋抽不中，又沒趕上牛市。

這就是通膨效應。「一戰」後，英國經濟低迷，失業嚴重，消費萎靡，凱因斯甚至建議英國政府多發貨幣，製造通膨，以刺激國民「交出」貨幣，擴大消費。

所以，價格越上漲，貨幣越貶值，市場越追漲，越追漲越通膨，經濟系統進入惡性循環，直到資產價格泡沫崩潰。由於房地產、股票、國債與

通膨，通縮

貨幣高度關聯，資產價格泡沫崩潰後，貨幣當局又注入流動性救市，相當於又重啟了通膨效應，讓資產泡沫越來越剛性。

這樣，貨幣政策就割裂了市場，大量的資金長期滯留在金融市場、房地產市場。資產泡沫剛性的另一面是實體經濟越來越低迷。

實體經濟投資不足，供給端萎縮，技術創新受阻。更重要的是，依靠實體經濟的勞動者、中產家庭收入萎靡不振，有效需求長期不足，加劇了資本逃離實體，進一步導致實體經濟通縮。

受疫情衝擊，總體經濟前景悲觀，更多的投資者選擇短期投資，進入股市短期套利，抑或是進入剛需性質的房地產，逃離長期的大規模的實體投資、技術投資。

通膨效應帶來的是金融風險、債務風險，屬於富貴病。通縮危機則導致實體萎縮、科技停滯、消費低迷，屬於窮人病。

有些人認為，需要一場牛市來提振投資信心。其實，「大疫水牛」無法提振信心，只會加劇資金流入資本市場，削弱中產家庭的消費力。

監管部門以「穩」字當頭，不希望過多的資金流入股市、房市，帶來不必要的麻煩。

但將資金引入股市，就像牽牛，一拉即可；將資金引入實體，則像推毛線，越推越軟。這就是通膨效應與通縮危機的真實寫照。

「大疫水牛」再強也是水做的，「泡沫剛性」再剛也是泡沫。真正能提振信心的只有開放，把池子挖開，把淤泥清掉，水才能進來。

■ 參考文獻

[1] 保羅・沃克，克莉絲蒂娜・哈珀，堅定不移 [M]，徐忠譯，2019。

通膨，還是通縮？

2020 年 12 月，一位央行前行長對傳統通膨的概念及度量提出了挑戰。他指出，現行通膨指標較少包含資產價格會帶來失真。[06] 他提出的問題，引發了學界的討論。

為何會出現通膨？房價高漲及資產價格泡沫，是否也是通膨現象？全球貨幣超發給經濟帶來哪些衝擊？

本節從貨幣的角度探索通膨 —— 通縮二元結構的內在邏輯。

01 大央行主義

2020 年，全球主要央行卯足全力，但經濟依然在掙扎，貨幣當局開始關注政策目標的問題。2020 年 9 月，聯準會主席鮑爾（Jerome Powell）在全球央行年會上發表的〈長期目標和貨幣政策策略〉演講中引入了「平均通膨目標」的概念。

過去，聯準會一直執行沃克和傅利曼奠定的對稱式通膨目標。自 1990 年代以來，歐美不少國家以 2% 的通膨率作為貨幣政策的唯一目標。2012 年，聯準會首次確認通膨、就業與利率三大目標，其中首要的是將對稱式通膨目標控制在 2% 以內。

這次，聯準會採用的平均通膨目標與對稱式通膨目標的區別是，允許「一段時間內」物價漲幅超過 2%。這說明聯準會對待通膨的態度更加寬容，更傾向於推高通膨而不是抑制通膨。

---

[06] 周小川：〈拓展通貨膨脹的概念與度量〉。

通膨，通縮

　　貨幣主義的觀念是「通膨猛於虎」。2020年，聯準會大規模發行貨幣，民眾對美國的通膨感到擔憂，為什麼聯準會還傾向於推高通膨？

　　從1984年到2008年，美國持續了20多年的成長，通膨一直維持在低水準。這被認為是貨幣主義的勝利。但是，金融危機後，美國通膨率仍長期低於2%，被認為處於通縮狀態。

　　這時，通縮焦慮替代了1970年代的通膨後遺症。凱因斯主義認為，「通縮比通膨更可怕」。2020年，聯準會發了很多貨幣刺激經濟，但是依然通縮。2020年10月美國CPI僅比起去年同期成長1.2%，聯準會關注的核心PCE物價指數10月僅比起去年同期成長1.4%。

　　鮑爾不修改目標，但暫時擺脫了通膨率目標的束縛，以加大貨幣刺激的力度。某位央行前行長關注的問題則更進一步，指出通膨指標的度量有問題。他在文章中指出，「近期聯準會貨幣政策目標轉向了平均通膨目標。如果按過去的度量方法得出的通膨很低，而資產價格上升得比較多，會出現不可忽略的結果，貨幣政策的設計和響應難以堅稱與己無關。」[07] 央行前行長指出的問題更切合實際。房價上漲、股價上漲，難道不也是通貨膨脹嗎？如果把資產價格算上，中美兩國的通膨水準並不低。

　　在經濟學中，通貨膨脹是指流通中的貨幣過多導致貶值的一種經濟現象，其表現為市場價格上漲，通常以CPI（消費者物價指數）作為衡量指標。理解通膨需要注意兩點：

　　一是通膨是由貨幣超發引起的，表現為市場價格上漲，但是市場價格上漲不等於通膨。比如，因突發災害導致糧食短缺引發的物價上漲，不被界定為通膨。

---

[07] 周小川：〈拓展通貨膨脹的概念與度量〉。

二是 CPI 只是反映通膨水準的一面「鏡子」，反映通膨的鏡子還包括資產價格、勞動力價格、公共用品價格等。

貨幣超發引起房價、股價及資產類價格大漲，但物價沒有大幅上漲，也說明市場發生了通膨。所以，目前以 CPI 為核心的通膨指標未能真實地反映通膨水準。甚至，這種狹義的通膨指標還導致了資產價格上漲。為什麼？

聯準會以物價指數作為通膨率目標，相當於給商品市場設定了一條價格高壓線，引導貨幣更多地流向房地產、股市、虛擬貨幣等資產市場。這就造成兩種糟糕的預期：一是實體經濟低通膨預期促使央行進一步加大貨幣刺激（像當前的鮑爾）；二是資產價格膨脹預期吸引更多的資金進入。

如果市場是自由的、水平的，以上問題不會存在。因為隨著資產價格膨脹、風險加劇，更多的貨幣會流向實體及消費市場。

但是，如果聯準會以控制物價為通膨目標，並且屢屢拯救房地產及金融市場，就會出現實體通縮、資產通膨的兩極化問題：

貨幣在通膨高壓線的驅使下流向資產市場，當資產價格出現風險時，央行又一次次救市。這就催生了道德風險，建立了資產價格只漲不敢跌的預期，使更多的資金湧向投資週期短、流動性好的資產市場。資產價格上漲，富人財富增加，更多的資金進一步配置在資產市場上；中產購買剛需房，真實債務增加，房地產、金融等市場「外溢」出來的資金又回流到房地產上；窮人真實財富縮水，消費趨於謹慎，消費市場進一步萎縮。整個社會的儲蓄率上升，資金經由商業銀行和投資銀行，又流向資產市場。

當然，美國的貨幣市場的流動性比其他國家更大，資金容易流向家庭及消費市場。2020 年，貨幣超發，通膨預期也增加，聯準會提前給市場做

說服，放寬對通膨的容忍度。

所以，聯準會以物價為核心的通膨目標以及干預政策（大央行主義），導致了資產通膨、實體通縮的二元局面。

現在要提出的問題是：通膨指標是否應該涵蓋資產價格，一籃子物價指數是否能更真實地反映市場的通膨水準？

一籃子物價指數涵蓋物價、資產價格、勞動力價格、公共用品價格等，更能夠反映真實的通膨水準。這是一面更真實的鏡子。

但這個做法有統計學意義，沒有經濟學意義。為什麼？

不論是 CPI 還是一籃子物價指數，作為通膨指標，都無助於央行制定更科學的貨幣政策。大央行主義的思路是，透過國家（央行）信用，為經濟基本面鋪底，建立「大到不能倒」的商業銀行體系，實施穩定的利率政策，以維持物價穩定和社會經濟的基本盤穩定。CPI 通膨指標的壞處是失真，好處是能更準確地反映物價水準，更有助於央行穩定物價。所以，CPI 作為通膨指標，是大央行主義的最佳選擇（當然也是糟糕的）。

如今時過境遷，經濟基本面的風險早已從物價轉變為資產泡沫，於是，有經濟學家提出應將資產價格納入目標加以控制。一籃子價格通膨指標更具真實性，一定程度上可以緩解資產通膨、實體通縮的兩極化。但其壞處是對物價穩定不夠靈敏，可能通膨率不高，但物價大漲（如調權重，則自欺欺人），對普通民眾傷害更大。

更嚴重的問題是，整個市場價格被央行控制，趨於失靈狀態，結果就是筆者所說的「全球經濟通往貨幣計畫之路」。

所以，調整通膨目標，像「人醜怪鏡子」。其實問題在於「人醜」，而不是「鏡子」。問題在於大央行主義的計畫干預，而不是具體的指標與目

標。一籃子價格通膨目標是「正確地回答了錯誤的問題」。

這是貨幣制度的問題，更是經濟學思想的問題。

02 底層大邏輯

接下來，我們沿著「資產通膨、實體通縮」的思路，分析某國經濟通膨──通縮的基本格局。

銀保監會主席曾發文指出：「目前，房地產相關貸款占銀行業貸款的39%，還有大量債券、股本、信託等資金進入房地產行業。可以說，房地產是現階段金融風險方面最大的『灰犀牛』。」[08]透過房地產，我們需要關注出口製造業──外匯占款的大邏輯。

通常，隨著常年大規模的出口，製造業快速成長，工人收入增加，外匯收入增加，消費力增強。這時要區分不同的匯率制度：如果是自由匯率制度，民眾會增加商品進口，經常項目趨於平衡，生活水準和財富在不通膨或溫和通膨中上升（優選）；如果是結匯制度，主要消費停留在國內市場，商品價格和製造業工人的薪資也隨之上漲──財富與通膨共同增加（次選）。

目前該國的情況接近於第二種，但主要表現為房價大規模上漲。當然，筆者並不是說該國的物價、工人薪資沒有上漲，只是這兩者的漲幅遠不如房價，也不如貨幣。

這是為什麼？

在貨幣、土地及金融制度的作用下，房地產和製造業存在一定的邏輯

---

[08] 郭樹清：〈完善現代金融監管體系〉。

關係。簡單邏輯是，房價大幅上漲吸收了大量的家庭收入，削弱了消費能力，抑制了商品價格及工人薪資上漲。

如果加上「外匯」這一維度，我們就會發現一種經濟邏輯：

最開始，大規模廉價勞動力製造了大量出口商品，商品出口創造了鉅額的外匯；央行透過結匯制度以外匯存底發行人民幣，外匯很快成為人民幣最大的「錨」；依託外匯占款發行的大量人民幣進入房地產，房地產價格上漲，一定程度上削弱了邊際投資與消費；房地產泡沫出現，資本項和匯率的下行壓力增大，刺激出口創匯增加……

以下三組資料可用於論證以上邏輯：

第一，外匯占款。

1993年，該國央行的「外匯占款」占總資產的比例僅為10.5%。此後，伴隨著外貿出口暴增，外匯占款持續攀升，到2013年12月，達到了峰值83.29%。

換言之，外匯是人民幣第一大「錨」，該國基礎貨幣的價值是由工人的體力與創造支撐的。

依託外匯占款發行大規模的貨幣，可能引發國內通膨，但是物價並未大幅上揚。這些錢去哪裡了？

第二，銀行貸款。

從變化趨勢來看，2012年，個人住房貸款歷史性地取代製造業貸款，成為銀行貸款的第一大投放方向。

換言之，該國信貸貨幣的價值主要是由房地產及土地支撐的。

尤其是2012年以後，更多的貨幣投入房地產而非製造業中。

貨幣流向房地產加劇了高房價的趨勢。高房價抬高了家庭負債，壓低了家庭消費。政府的報告顯示：在有負債的居民家庭中，76.8%的家庭有住房貸款，每戶平均家庭住房貸款餘額為38.9萬元，占家庭總負債的比重為75.9%。

高房價抑制了國內消費市場，資金脫實向虛，製造業面臨技術轉型更新的難題。

第三，國際收支。

根據國家外匯管理局公布的國際收支初步資料，2020年第三季，經常項目順差為942億美元，資本項目（含淨誤差與遺漏）逆差為849億美元（上季淨流出911億美元）。從這組資料可以看出，該國的資本是外流的，但是商品出口大於進口，從4月至10月，出口連續正成長，支撐了匯率上漲。

通常，房地產泡沫增加，資金外流加劇，外匯市場會承受龐大的壓力。但是，該國大規模價格低廉的商品出口持續支撐了外匯市場。2020年下半年，歐美國家疫情嚴重，生產受阻，供應能力被削弱，依賴從該國進口，加上美元相對疲軟，推動該國貨幣持續升值。最近幾十年，支撐貨幣匯率的並不是資本項目，而是商品出口。

所以，我們需要重新評估大邏輯下的資金流動與配置。

假如（只是假如）更多的貨幣進入消費市場，物價上漲，製造的出口優勢被削弱，可能導致：出口製造減少，工人薪資反而下降；通貨膨脹和資產泡沫雙重衝擊外匯市場。從這個角度來說，通貨膨脹（物價上漲）是比房地產泡沫更可怕的存在。

是否有機會形成「更多的貨幣進入消費市場」這種情況？

通膨，通縮

當前，該國還有半數國民月可支配收入低於 1,000 元，同時家庭槓桿率高，所以國民不高的收入、不足的消費、較高的槓桿、不完善的社保，無法支撐消費擴張，推動物價上漲。

房價全面下跌是否會擠出大量的貨幣進入消費市場？由於過去的經濟週期表現為房地產週期，如果房價全面下跌，市場預期趨於悲觀，消費與投資更加謹慎，家庭收入可能反而減少，經濟短期內更可能通縮而非通膨。

剩下的似乎只有一條路了：超發貨幣，消費信貸擴張，引起物價上漲。但是，以當前的監管態勢來看，消費信貸趨於收斂。

不過，依然存在一種通膨風險，那就是貨幣的「錨」貶值。

上面我們講到，外匯是該國央行最核心的資產。2013 年 12 月外匯占款達到了峰值 83.29%，之後持續下降到 2019 年的 58.7%，下降接近 25 個百分點。

下降部分被什麼資產替代？答案是「對其他存款性公司債權」，即央行對商業銀行的債權。對其他存款性公司債權的比重在 2014 年只有 6.4%，到 2019 年上漲至 31.5%，增加了 25 個百分點，正好涵蓋了外匯占款的降幅。

央行資產負債表的這種變動可能存在通貨膨脹隱性風險。這種風險與國民收入無關，與消費市場膨脹無關，與資產價格跌落無關，直接由貨幣失錨（貶值）觸發。如果觸發，更可能導致滯脹。

03 國際經濟學

通常，通膨「掠奪」財富，通縮「清洗」財富。

如何擺脫這種風險？

某國經濟存在一些二元結構，所有的二元結構都可以追溯到國內外二元結構這個問題上。目前通膨通縮二元結構，是國內外市場沒有完全打通的結果。所以，需要透過貨幣、銀行、金融、土地等制度形成內外一體的經濟循環。

國際總體經濟學中有個「三元悖論」：在開放經濟條件下，本國貨幣政策的獨立性、匯率的穩定性、資本的完全流動性不能同時實現，最多只能同時實現兩個目標，而放棄另外一個目標。

美國選擇的是貨幣政策獨立、匯率自由浮動和資本自由流動；香港選擇的是固定匯率、資本自由流動和貨幣政策不完全獨立；該國的情況目前則不完全符合「三元悖論」。

假設選擇貨幣政策獨立、匯率自由浮動和資本自由流動，國際資本對房價泡沫和通貨膨脹形成抑制。當國內房價上漲，風險出現時，資金加速外流，房價會自動回落。所以，國際市場給國內市場帶來外溢性風險，也會對貨幣政策形成約束，平抑國內市場風險，發揮「削峰填谷」的調節作用。這也符合孟岱爾－弗萊明模型。但是，國際市場僅僅發揮約束作用，根本上還是要進行內部改革。

國際資本與土地制度。

香港是開放經濟體，國際資金自由流動沒能平抑其房價。

為什麼？我們需要關注香港的土地供給。香港的土地供給單一，而且

供給規模小，容易被國際資本爆炒。土地供給單一疊加國際資本可能對房地產市場價格造成扭曲。

國際資本與匯率制度。

1988 年，某國處於價格闖關的關鍵時期，美國經濟學家傅利曼正好訪問該國，他給出的建議是：放開外匯管制，有助於物價平穩。他還指出，外匯管制削弱了國家的對外競爭力。

什麼樣的匯率制度風險更低？固定匯率還是自由浮動匯率？

匯率制度與資本流動是相關聯的。如果是固定匯率與資本自由流動的組合，資本流動有助於平抑內部通膨，但前提是這個國家具備足夠的外匯與經濟實力維持固定匯率。如果是浮動匯率與資本自由流動的組合，資本流動有助於約束貨幣濫發（「世界貨幣」美元除外）。在這種制度下，個人持有外匯可以進口商品，可以對外投資，國際收支趨於平衡。如此，鉅額的外匯不會轉化為本幣，形成「外匯占款」的貨幣超發，可以避免類似於當年西班牙的「價格革命」，抑制通貨膨脹和房地產泡沫。

國際資本與貨幣制度。

當今世界主要國家都奉行大央行主義，傅利曼的貨幣主義本質上也是大央行主義，只不過是干預最少的大央行主義。傅利曼試圖使用國際資本、浮動匯率對貨幣政策形成約束，但是忽略了貨幣的外部性（網路效應）。

為什麼國際資本對美元濫發的抑制作用非常有限？因為美元是首屈一指的「世界貨幣」，對國際資本構成壟斷。當然，對於普通國家來說，國際資本對貨幣政策構成約束。但是，這種約束仍然是扭曲的。普通國家只能跟隨美元週期來實施寬鬆或緊縮政策，從而醞釀了週期性的國際外匯風險。

通膨，還是通縮？

所以，國際資本自由流動與大央行主義的貨幣制度是衝突的，根本問題不在國際市場，而是大央行主義。

本質上，貨幣供應量是由個人（央行）和政策目標決定的，還是由市場（銀行）與自由競爭決定的呢？

大央行主義支持前者，試圖透過科學的總體指標來確定合理的貨幣供應及利率。凱因斯主義試圖根據貨幣流速的不同而搭配相應的貨幣供應量，以達成諸多總體經濟目標。傅利曼把問題簡化了，他拉出歷史資料證明貨幣流速長期是穩定的，貨幣供應量起決定性作用。傅利曼認為，透過控制貨幣供應量實現物價平穩，是貨幣政策的唯一目標。

凱因斯、傅利曼都是大央行主義者，都強調人為控制貨幣供應量，以實現總體經濟目標。其實，任何總體經濟指標，如 CPI、GDP、PPI 等，都不具有經濟學意義，只有統計學意義。從經濟學角度來看，總體指標違背了方法論的個人主義，若用於價格調控，則會破壞經濟規律與競爭規則。

大央行主義越是追求穩定，市場反而越不穩定，越可能爆發通膨、資產泡沫，抑或陷入低效的穩定。如果使用 CPI 作為目標調控貨幣，物價穩定但資產價格膨脹；如果使用一籃子價格作為目標調控貨幣，經濟將陷入長期低效。

當今世界應該廢除大央行主義，採取另外一種思維建構貨幣框架。譬如，重塑貨幣及銀行制度，建立自由競爭的貨幣供給制度：

央行作為公共機構只負責設定貨幣制度及履行監管職責，商業銀行負責貨幣發行，讓市場決定貨幣供給和利率。

首先，需要強調的是，央行對銀行進行監管極為重要，但監管不涉及

貨幣的價格與供給。正如法律經濟學家波斯納（Posner）所強調的：契約法不干涉交易價格與供給。央行與商業銀行之間的關係是契約關係，前者不能干涉利率及貨幣供應。

其次，央行重在建立貨幣制度，高價值的「錨」是貨幣穩定的基礎，以此替代無休止的價格及供應干預。

什麼才是好的「錨」？需要滿足三個條件：由國際市場定價、價格穩定、流動性好。有些人提出採用國內資產，如基礎設施、農村土地、生態資源，替代美元作為人民幣的「錨」。不是不行，但必須符合以上三個條件。國內資產必須是證券化的，這樣流動性才好，最關鍵的是要經由國際市場定價，受到國際市場的認可。

所以，開放經濟體反而不需要儲備那麼多的外匯，這類國家可以使用一些經由國家市場定價的優質資產作為本幣的「錨」。非開放經濟體需要儲備大量的外匯，建構很寬的護城河，且還未必保險。與大海連通的內陸河反而更平穩，但內陸河容易堆積「堰塞湖」。最近幾年，25％的外匯占款被央行對商業銀行的債權替代，是否可行？這其實是考驗商業銀行的實力。如果商業銀行的實力在國際市場的自由競爭中受到認可，其價值被確認，自然沒有問題。但是，如果商業銀行的實力是個未知數，則會增加貨幣的未知風險。

最後，將貨幣的供應及價格交給商業銀行。

很多人擔心，商業銀行追逐利潤，會盲目借貸，引發通膨和資產泡沫。

貨幣價格等同於貨幣品質，避免通膨其實是為了確保貨幣品質穩定。在央行監管和自由競爭之下，央行不替商業銀行鋪底，商業銀行要追逐利潤目標就必須控制風險，進而必須謹慎放貸，促使利率和貨幣供給穩定，

最終維持貨幣高品質和低通膨水準。在這一制度中，商業銀行自由競爭等同於貨幣高品質與低通膨水準。

■ 參考文獻

[1] 傑弗里‧薩克斯，費利普‧拉雷恩，全球視角的宏觀經濟學［M］，費方域譯，2004。

[2] 法蘭西斯‧福山，政治秩序與政治衰敗［M］，毛俊傑譯，2015。

通膨，通縮

通膨，滯脹

　　過去，貨幣當局救市，一次次將貨幣注入金融市場，干預了貨幣流向，阻斷了市場出清。

　　最終，投資者們失去了對危機到來的恐懼的底線感知，卻又在這個最大市場交易者面前，時刻如履薄冰。

　　在聯準會的不對稱調節下，看似一切均在掌控中，然而，危機隱現。

　　2022年，全球貨幣寬鬆潮已經迎來了轉折點。

　　全球貨幣大潮每逢起落，似有慣性，但永遠充滿意外。

迎接轉折點

2021年2月25日，美債收益率飆升，債市殺跌，美股大跌，特斯拉等科技股遭到重創，黃金下跌，非美貨幣下跌，美元指數上升。接著，亞太股市全線下跌，日經、恆生指數及A股大跌。

一輪貨幣緊縮將刺穿「大疫水牛」和「剛性泡沫」嗎？

本節從貨幣政策的角度分析流動性轉折點。

01 通膨預期與流動性轉折點

先簡單將這次全球主要金融市場下跌的邏輯說一下：美國經濟復甦預期增強→通膨預期增強→流動性緊縮預期增強→美元指數飆升→美債殺跌，美股下跌，黃金下跌→非美元貨幣下跌，亞太股市下跌。

從2021年1月中旬開始，美國接種疫苗的速度明顯加快，2月中旬每天接種數量已經提升到170萬劑。根據美國疾病控制與預防中心（Centers for Disease Control and Prevention，CDC）的資料，截至2月23日，美國已注射了6,500萬劑新冠疫苗，目前有1,988萬人接種了兩劑疫苗，接種規模涵蓋13％的美國人，疫苗接種率領先於大多數國家。

疫苗普及推動新增患者人數大幅下降，2月25日為7萬多人，較1月9日的32萬人下降了不少。

據彭博社估計，2021年3月底前美國將有1.3億人接種疫苗（約占美國總人口3.32億的39％），到4月30日將達到2億人。美國專家預計，群體免疫時間要早於拜登（Joe Biden）團隊的預期。

疫苗的快速普及和隔離限制的減少，大大增強了人們對經濟復甦的預期，以及對市場的投資信心。

美國公布的資料顯示，2021年第四季度實際GDP修正值達4.1%，比初值4%有所改善；截至2月20日，初次申請失業金人數達73萬人，大幅小於市場預期的83.8萬人。美國1月耐用品訂單月率達3.4%，大幅高於市場預期的1.1%。

就在2021年2月1日，美國國會預算辦公室發表報告，預計2021年美國經濟有望成長4.6%，並在年中恢復至新冠疫情前水準。

德意志銀行將美國2021年GDP成長預期上調1.2個百分點至7.5%。

世行行長馬爾帕斯（David Malpass）認為，美國經濟看起來正在快速復甦。紐約聯儲行長預測，2021年美國GDP增速可能達到數十年來最高水準。

正是2月這一系列經濟數字的公布，以及對美國經濟復甦的樂觀預期，重創了當月的美國金融市場。

為什麼？

因為經濟復甦強化了通膨預期，通膨預期又強化了流動性緊縮的預期。2020年，聯準會開啟貨幣閘門，流動性氾濫，資產價格膨脹。美國政府已推出了2.8兆美元財政計畫，拜登再加碼1.9兆美元，刺激方案中資金規模接近5兆美元。

隨著經濟復甦，通膨率增加，聯準會定然會轉入緊縮，適當回收部分貨幣。目前美國通膨率還偏低，2020年11月、12月均為1.2%，2021年1月和2月上升到1.4%。但是，通膨預期走到了前面，對未來10年平均通膨水準的預期已升至近2.2%。另外，大宗商品，尤其是原油、銅等與

通膨相關的商品價格也大幅上漲。經濟復甦越快，通膨預期便越強，流動性轉折點就越早到來。

債市對流動性的反應比股市更加敏捷，利率上漲預期強化，投資者拋售國債。受高於預期的經濟數字衝擊，2021 年 2 月 25 日美國十年國債收益率突然快速飆升，美債下挫，引發連鎖反應，美股及亞太股市大跌，黃金及非美元貨幣下跌，美元走強。

那麼，流動性緊縮什麼時候到來？

聯準會的態度永遠模稜兩可。聯準會主席鮑爾在 2021 年 2 月 23 日表示，美國經濟正在復甦，但認為復甦前景充滿不確定性。亞特蘭大聯儲行長博斯蒂克（Raphael Bostic）認為，目前（美國）經濟復甦處於「艱難階段」，但就業前景並非完全黯淡。

美國紐約聯邦儲備銀行行長威廉斯（John Williams）稱，「我預計實際 GDP，2021 年將急遽反彈。得益於強大的聯邦財政支持和持續的疫苗接種，2021 年 GDP 增速可能達到幾十年來最高水準。由於美國和全球經濟仍遠未完全恢復，我預計潛在的通膨壓力將在一段時間內保持低水準」。

流動性轉折點的時間與疫苗的有效涵蓋情況直接相關。

這裡我們需要考慮兩個方面：

一是疫苗的有效性。

以色列團隊在《刺胳針》（*The Lancet*）上發表的一項新研究顯示，美國輝瑞新冠疫苗在第一劑接種後 15～28 天能達到 85% 的有效性。一項針對英國 1.9 萬名衛生人員的研究發現，接種一劑輝瑞疫苗可以降低大約 70% 的感染風險，接種兩劑後保護率上升到了 85%。

二是疫苗的全球涵蓋率。

如果全球其他國家尤其是歐洲及亞太的疫苗接種速度緩慢，會拖累美國經濟的復甦。聯準會會考慮經濟復甦的脆弱性，以及緊縮政策為國際匯率市場帶來的不確定性。

如果美國的疫苗能夠按當前的速度接種，那麼2021年下半年，輝瑞等美國公司便可向全球其他國家提供大量疫苗，全球將更快進入疫苗逐步涵蓋的後疫情時代。

如果美國的疫苗普及率、疫苗的有效性和全球涵蓋率都較高，接下來就看聯準會對經濟復甦及通膨的預判。通膨是聯準會貨幣政策的三大目標之一，在貨幣政策轉向時，可能是最為敏感的指標。

關於這輪通膨，主要考慮兩點：

一是通膨反彈要比上一個週期更快。

上一個週期中，受2008年金融危機衝擊，大量中產家庭的資產負債表遭到破壞，修復速度緩慢，家庭收入成長緩慢，另外，美國政府及聯準會的救市計畫主要是針對銀行和大型企業的。

但是，這次不同。新冠疫情猶如一場「大暴雪」，突然中斷了美國強勁的經濟成長，股市遭遇短暫崩盤，但家庭的資產負債表受到的衝擊遠不如上一次大。再加上川普政府向家庭、失業者、中小企業提供了大量的現金援助，拜登政府接著對廣大家庭發放福利。一旦經濟快速復甦，隔離政策解除，家庭資產負債表可以迅速修復，大規模的現金福利將推高通膨。

二是聯準會提前放寬了對通膨率的容忍度。

通常聯準會將2％作為通膨率的目標，如今適度放寬，但也需要結合通膨反彈的強度和市場的承受度來確定。如果通膨反彈強度大，價格迅速上漲，聯準會也會採取相應的政策。

通膨，滯脹

聯準會放寬對通膨率的容忍度，可能是更多考慮到經濟復甦的不均衡性。一些受疫情衝擊較大的旅遊業、娛樂業，以及受國際疫情影響的產業，預計復甦較為緩慢。這是一種等待策略和保險策略，等待經濟系統全面啟動。但是，在總體經濟學中，不均衡復甦的問題更依賴財產計畫來解決。

02 計畫經濟與不對稱調節

如今，股市這個經濟晴雨表，是不是失靈了？2020 年，經濟低迷時，美股大漲；2021 年，經濟復甦開啟，美股大跌。

貨幣大潮及反覆救市導致經濟兩極分化：富人在資本市場中通膨，窮人在實體經濟中通縮。這種兩極化也表現在金融市場中，比如「牛頭熊身」、股災式牛市；又如比特幣暴漲，但眾多小幣種歸零；再如主要城市房價上漲，眾多小城市房價低迷。

美股、港股和 A 股出現了嚴重分化，大量貨幣聚在科技股，基金抱團龍頭股。比如美股中的微軟、蘋果、特斯拉，港股中的騰訊、美團、恆大汽車，均大漲。但是，其他大多數股票，尤其是實體企業的股票，可以說是慘不忍睹。美股中前 100 市值股票的交易總額占比達到 50%，港股這一數字達到 80%。傳統的股票價值評估體系受到了挑戰。

所以，在經濟蕭條時期，資產價格膨脹是一種貨幣現象。當流動性收緊，抱團股瓦解，泡沫第一時間崩盤，最敏感最先下跌的就是這些資產價格。

就像 2021 年 2 月 25 日這次美股納指大跌 3.52%，大型科技股全線走低，蘋果、亞馬遜、Google、Facebook、波音、英特爾跌幅均超過 3%。新能源泡沫擠得更厲害，特斯拉跌超 8%。

股市，不僅是經濟的晴雨表，還是貨幣的晴雨表。

接下來，資產價格會怎麼走？

如果隨著疫苗的有效普及，美國經濟持續復甦，「資產價格通膨，實體經濟通縮」的兩極化趨勢會得到緩解。具體表現是，高泡沫的資產價格會下跌，有些泡沫存在崩盤的風險，主要是那些技術薄弱、長期虧損的科技概念股。

2021年，投資方向逐漸向利潤回歸。大量資金回歸到有價值支撐的實體企業和科技強企，主要是盈利狀況好的企業。

很多人期待2021年經濟回歸正常化，期待一種「美好場景」的回歸。經濟持續復甦，聯準會緊縮貨幣，提高利率，控制通膨，將多餘的貨幣回收，同時經濟保持成長態勢，無疑是干預主義者渴望看到的美好場景。

但是，這種場景出現的可能性越來越小。正如本書中多處所提，從1980年代葛林斯潘執掌聯準會開始，聯準會每一輪貨幣政策都是不對稱的，即利率下調幅度總是大於上調幅度，寬鬆力度總是大於緊縮力度。

為什麼？

貨幣由人來支配定然會出現這種狀況。貨幣寬鬆，人人皆大歡喜，趨之若鶩；貨幣緊縮，買房、炒股的投資者，銀行家及政府官員都向聯準會施壓。就像2018年，通膨有些抬頭，聯準會加快了緊縮步伐，就把美股的「腰閃了」，嚇到了投資者和川普，後者瘋狂向聯準會施壓。

還有一點很重要的是，貨幣超發拯救了本該出清的市場和企業，反過來等於滋養了「債務巨嬰」，供養了一批劣質市場和劣質企業。這些市場和企業極度脆弱，只能在零利率、政府補貼下生存，利率稍微上升，便立即爆雷。

通膨，滯脹

這次，聯準會主席鮑爾可能再次面臨這種壓力。通常，受資產價格脆弱崩盤的壓力，聯準會不會採取過度緊縮政策，而是溫和調節。自2001年網際網路泡沫以來，這幾乎成了歷史性常態。

這樣的結果是貨幣發行量失控，割裂自由市場，推高資產價格，打擊實體經濟，形成「低利率、低通膨、低成長、高福利、高貨幣、高債務」的經濟局面。

如今，剛性泡沫似乎可以長期存在，資產價格似乎會持續上漲，經濟週期似乎被弱化，金融危機似乎也沒有那麼可怕，一切似乎都在聯準會的掌控之中。經濟的週期性特徵被經濟分化取代，被貨幣調節控制。正如2020年發生史詩級股災，聯準會也可力挽狂瀾，拯救資產價格，甚至再送泡沫一程。

這種格局之所以能夠長期維持，是因為聯準會很好地控制了通貨膨脹——主要指物價上漲。

大量的貨幣超發為何沒有引發物價大幅上漲？

一是大規模的貨幣流入金融市場，而不是實體經濟；二是反覆拯救資產價格，持續推動資產價格上漲，吸引更多資金進入資產市場。

在理論上，大量資金進入金融及房地產市場，隨著邊際投資收益率下降，泡沫風險湧現，大量資金會撤離，進入實體經濟，從而推高通膨。但是，由於對金融和房地產市場反覆施救，資產價格持續上漲，資金繼續投入房地產和股市，消費則持續低迷。比如土地及政策調節推動房價持續上漲，從房地產、銀行、製造業等賺取的錢被反覆投入房地產中。貨幣流動進入一種追逐資產價格的單項循環，大量擠壓了家庭消費，實體經濟乏力。這就是「資產價格通膨，實體經濟通縮」的邏輯。

在現有的金融制度下，資產價格淪為一種貨幣現象，被長期看漲，區別在於貨幣寬鬆時大漲，貨幣緊縮時小幅回落。這並不是說泡沫不會崩盤，一些劣質的企業及過度擴張的企業，在貨幣稍微緊縮時便崩盤。但整體來說，如今是一個悲哀的資產盛世時代。大央行──大財政主義反覆為資產價格收尾。最簡單的投資邏輯是，按照聯準會的節奏投資科技龍頭股。

這就是聯準會式的計畫經濟製造的結果。這是全球金融制度的問題，是大央行──大財政主義的問題，也是總體經濟學及貨幣理論的問題，更是政治制度及權力結構的問題。政府、央行、商業銀行、金融、科技、跨國公司及福利主義者的利益深度捆綁，美元與美債互相鋪底。目前，看不到一股力量能夠改變這一趨勢。

03 交易控制與房地產泡沫

這一趨勢顯然是不可持續的。但是，如何才能終結這一悲劇式的兩極化局面？

假如美股再次爆發股災，聯準會又無底線救市，股票依然可能上漲。如此反覆，股票是否會一直上漲？其實，這種價格是一種泡沫化的貨幣現象。剛性泡沫是一種政治頑固，惡性通膨是擊潰這一政治頑固的唯一辦法。如果爆發 1970 年代級別的通貨膨脹，並且引發經濟滯脹，貨幣大潮讓所有人遭受懲罰，無一倖免，選民就會向政府、國會及聯準會施壓，讓它們做出根本性的制度改變。

2021 年，萬物價格大漲？

透過上面「資產價格通膨，實體經濟通縮」的邏輯，我們可以反推，

如今在貨幣超發下發生惡性通膨必須具備兩個條件：一是資產價格下跌；二是社會消費能力強，即家庭可支配收入較高，資產負債表健康。

通膨爆發依賴較大規模的家庭消費，家庭消費依賴可支配收入和低負債率。2008年金融危機後，美國家庭經歷了暴力去槓桿。此後多年，家庭資產負債表緩慢修復。到疫情暴發前，美國經濟成長強勁，資產負債表相對健康。美國貧富差距接近歷史最高，主要是由資產價格膨脹造成的，但家庭可支配收入還是相當高的。這次疫情對家庭資產負債表的打擊遠不如上一次；同時，美國政府向家庭發放了不少現金補貼。因此，一旦疫苗快速普及，通膨反彈的壓力要大於上一次。

但是，還得看資金流向哪裡。如果資產價格下跌，就會擠出更多資金流入實體，投資成長性好的實體企業。資產價格下跌的資金擠出可能擴大家庭消費，實體經濟的成長會增加家庭收入，也可能擴大家庭消費。家庭消費的擴張，則推動物價上漲。

這時，聯準會的貨幣政策就很關鍵。如果聯準會繼續去泡沫，資產價格繼續下跌，那麼貨幣追逐資產價格的單項循環就將被打破，貨幣將分流到實體經濟中。當然，貨幣不會只流入實體經濟，也會進入成長性好的股票。但是，即使如此，貨幣也分流到了整個市場，引發市場的整體價格上漲。

如果聯準會無法承受資產價格下跌，降低緊縮步伐，甚至出手拯救資產價格，資產價格不降反升，使更多資金流向金融市場，資產價格繼續通膨，實體經濟將繼續通縮。

這輪緊縮政策，聯準會可能會陷入兩難。一邊是通貨膨脹反彈，另一邊是資產價格脆弱。如果緊縮力度小，通膨上升；如果緊縮力度大，資產價格雪崩，進而推高通膨。筆者估計，聯準會開始會採取溫和緊縮，擴大

對通膨的包容,將貨幣滯留在金融市場,維持一定的資產價格通膨;同時,保持一定的流動性,以方便聯邦政府持續融資。如果萬物騰貴,經濟陷入滯脹,聯準會只能效仿當年沃克「鐵血」緊縮。在沃克之前,美國1970年代的貨幣政策也曾極為掙扎,時而緊縮,時而寬鬆。

貨幣政策是一種「與魔鬼做交易」的相機選擇,聯準會也是走一步看一步,需要重點關注美國的通膨率。

預計未來某些時刻,金融市場的價格崩盤還會多次上演。我們該如何應對?

2020年,某國金融監管層指出,房地產是最大的「灰犀牛」[09],接著下發了房地產貸款的「兩道紅線」,試圖替金融部門建立一道風險隔離牆。2021年,某城市推出了二手房參考價格,這個價格指令是銀行借貸貸款的依據,這相當於抑制了流動性進入房市。另外,網傳22個城市「集中供地」,旨在控制交易,將土地交易、房地產開發、銷售及貸款納入計畫管理。

2021年上半年是全球流動性關閉的最後窗口。該國金融部門提前做壓力測試,房地產、大型企業都在去槓桿,個別房地產企業、個別大型企業、個別地方國企,陷入了流動性危機。2020年,疫情降低了地方稅收收入,地方政府透過大規模賣地獲得補償,但這也進一步推高了泡沫風險。2021年「集中供地」,土地財政收緊,地方政府也進入了壓力測試區。

這不能說該國提前進入了流動性緊縮,流動性轉向的關鍵象徵是聯準會的貨幣緊縮政策。LPR及中期借貸便利(Medium-termLending Facility,MLF)利率持續不變,其實是在等待全球流動性轉折點。目前實施的政策

---

[09] 張文婷、李彤、郭樹清:〈房地產是現階段我國金融風險方面最大的「灰犀牛」〉。

通膨，滯脹

目的是展開壓力測試、計畫調節和主動擠一點泡沫。

在這輪流動性緊縮中，該國是否會出現通貨膨脹？

首先，需要解決一個問題：房價是否應該納入通膨指標？這存在爭議。按照貨幣主義對通膨的定義，只要是貨幣超發引發的價格上漲——不管是房價上漲，還是商品價格上漲，都被認定為通膨。

其次，看貨幣超發下通膨的兩個條件，即資產價格下跌和社會消費能力萎縮。該國的貨幣超發很嚴重，家庭消費能力不足，大量資金集中在房地產、金融及一些人手上。2008年金融危機後，與美國家庭去槓桿不同，該國家庭的負債率持續上升，最主要的是房地產信貸。很多城市家庭未來每個月的收入，很大一部分都要用於還房貸，而真正用於消費的並不多。

換言之，大量資金集中到了銀行及房地產市場中。如果房價下跌，一部分資金會轉化為消費，物價會有所上漲。比如，筆者的一位朋友剛放棄了買房，轉而買了一輛好車，計劃享受生活去。但是，過度集中的資金不會大規模轉移到消費中，不會轉變為家庭消費，而是依然轉化為投資。比如，富人的資金不投房產，可能投股票或其他市場。問題是如此龐大的資金，投到哪個實體市場，哪個實體市場就會立即出現產能過剩。產能過剩的結果不是價格上漲，而是下跌。

與美國不同的是，一些新興國家在新一輪緊縮週期來臨時，還要防範匯率貶值的風險。如果匯率大幅貶值，房地產等資產價格下跌壓力會更大。

綜合以上分析，房價上漲與下跌對政府都不利，調控政策須轉向交易控制。計畫性控制價格和流量，將是房地產的調控趨勢。降低貨幣的周轉率則是一種經濟去貨幣化的管控政策。

總之，本次彩排，轉折點將至。

全球正式進入緊縮時代

2022年3月16日,美國聯邦公開市場委員會(FOMC)宣布升息25個基點,將聯邦基金利率上調至0.25%～0.50%。該決議的表決結果為8票贊成1票反對,只有聖路易士聯儲行長布拉德(James Bullard)投了反對票,他堅持升息50個基點。這是聯準會2018年12月以來的首次升息。

這次升息幅度符合市場預期。靴子落地,沒有更壞的消息就是利好,當天美國三大股指不降反漲,道指漲1.55%,標普500指數漲2.24%,納指漲3.77%。

同時,FOMC3月點陣圖顯示,官員預計2022年全年聯準會共升息7次,即餘下每次FOMC會議升息25個基點,至2022年底利率為1.9%,2023年底利率為2.8%。

這意味著大疫寬鬆終結,美國正式進入緊縮週期。由於美國經濟總量占世界經濟總量的4分之1,美元在全球外匯存底中占比約60%、在國際結算中占比約80%,聯準會此次升息定然推動全球經濟開始進入緊縮時代。

聯準會升息對我們有何影響?這輪緊縮政策能走多遠?

01 前脹後滯

這次升息終於在拖泥帶水中落實。此前,2020年3月升息已是明牌;俄烏衝突替這次升息增加了一些變數,但差別只是加25個還是50個基點。聯準會為穩妥起見,選擇了25個基點,同時將貼現利率從0.25%上

調至 0.5%，與市場預期一致。鮑爾還透露，聯準會最快可能在 5 月宣布開始縮表，資產負債表框架將與上次相似，速度將比上次更快。

聯準會主要透過聯邦基金利率、公開市場操作和貼現利率三種方式來調節貨幣市場。具體來說，聯邦基金是指美國的商業銀行存放在聯邦儲備銀行的準備金，這些資金可以拆借給其他成員銀行。

商業銀行也可以直接向聯邦儲備銀行拆借。這種同業間拆借的利率稱為聯邦基金利率。

聯準會能夠提高的聯邦基金利率，是聯邦儲備銀行直接拆借給商業銀行的拆借利率。由於聯準會是最大的同業拆借參與者，它提高拆借利率，會推動整個行業的拆借利率上升。銀行間的拆借利率上升，意味著商業銀行的融資成本增加，進而推動市場貸款利率上升，市場流動性下降。

公開市場操作指的是聯邦儲備銀行透過在公開市場中買賣債券來調節貨幣數量。新冠疫情全球大流行時，聯準會啟動大規模量化寬鬆（擴表），買入大量的債券直接向市場投放美元。從 2021 年 11 月開始，聯準會縮減購債規模，到 2022 年 3 月已終結了量化寬鬆。

債券市場的美元流動性下降，商業銀行的存款利率、拆借利率均上漲，進而推高了市場貸款利率。

本輪緊縮週期，聯準會可能面臨前所未有的挑戰。新冠疫情和大疫寬鬆政策導致美國乃至全球經濟陷入高通膨和高泡沫（高債務）的危險境地。2022 年，俄烏衝突重創了正在脆弱復甦的全球經濟，大大增加了滯脹風險──通膨居高不下和資產泡沫崩潰。

如今，聯準會的緊縮政策面臨兩難：緊縮力度不足，難以控制通膨；緊縮力度太大，可能擊潰資產泡沫。

全球正式進入緊縮時代

聯準會在 2021 年錯過了終結量化寬鬆的最佳時期，加上俄烏衝突的衝擊，如今它面臨極大的通膨挑戰。美國勞工部發表的資料顯示，2022 年 2 月消費者物價指數（CPI）比起去年同期上漲 7.9%，1 月比起去年同期上漲 7.5%。俄烏衝突引發的能源及糧食價格飆升，將推高 3 月的消費者物價指數。

但是，市場又擔心聯準會因通膨激進升息導致金融崩潰。這是一個不易權衡的難題。預計，在本輪緊縮週期中，聯準會前期的挑戰是「脹」大於「滯」，後期則是「滯」大於「脹」。聯準會預測，自 2022 年至 2024 年 PCE 通膨預期中值分別為 4.3%、2.7%和 2.3%，而 2021 年 12 月預測分別為 2.6%、2.3%和 2.1%。聯準會還大幅度下調了經濟成長預期：自 2022 年至 2024 年 GDP 增速預期中值分別為 2.8%、2.2%和 2%，而此前預期分別為 4%、2.2%和 2%。2022 年、2023 年失業率預期中值與之前預測一致，均為 3.5%（失業率指標鈍化）。

從以上預測數字可以看出，在本輪緊縮週期中，聯準會 2022 年的政策目標主要是抗擊通膨，2023 年的主要任務是應對經濟下滑、泡沫崩潰風險。聯準會希望在 2022 年將通膨壓低到 4.3%，而 2 月 CPI 為 7.9%，任務為抗通膨；同時，因擔憂經濟衰退，其將 2023 年的經濟預期增速降到 2.2%。

與 2016 － 2018 年前緩後快的緊縮策略不同，這輪緊縮的進度可能是前期升息和縮表力度會稍微大一些，後期反而更加溫和。

FOMC2022 年 3 月點陣圖顯示，官員預計 2022 年聯準會共升息 7 次，至年底利率為 1.9%，2023 年底利率為 2.8%。換言之，2022 年預期升息幅度為 165 個基點，大於 2023 年的 90 個基點。

通膨，滯脹

聯準會主席鮑爾清楚，當前 CPI 居高不下有兩個原因：一是貨幣因素，大疫量化寬鬆，刺激需求旺盛，即真正的通膨；二是供給因素，新冠疫情和俄烏衝突打擊了能源及原材料供給，進而推高了糧價和物價，即不是真正的通膨。鮑爾認為，聯準會對新冠和戰爭引發的供給危機毫無辦法，他要做的就是解決貨幣因素影響，終結量化寬鬆，提高利率和縮表。

假如俄烏衝突及對俄制裁未擴大化，2022 年通膨率依然在 6%以上，資產泡沫又岌岌可危，聯準會怎麼辦？聯準會依然會把抗擊通膨放在第一位，哪怕資產泡沫因緊縮而崩潰。這是聯準會官員的職責（通膨目標）所在，是聯準會根深蒂固的沃克遺產，也符合傅利曼的價格理論。

假如 2022 年聯準會將通膨率壓低到 4.3%的預期目標，那麼，聯準會會更加關注「滯」的風險，即經濟下滑、金融崩潰。通膨是聯準會當前的挑戰，但聯準會真正擔心的是金融風險。

現在的聯準會在貨幣操作上更傾向於現代貨幣理論。聯儲官員們不太在乎貨幣數量的多寡，對通膨不忌憚。只要不爆發通膨、美債收益率曲線不陡峭，聯儲官員們更願意維持寬鬆政策，透過發行美元來促進國民資產證券化──支持金融資產膨脹。2022 年 3 月議息會議公報指出，「聯準會在未來縮減資產負債表時，將留意更大範圍的經濟形勢」。

古根漢（Guggenheim Partners）投資長史考特・米納德（Scott Minerd）信奉傅利曼的貨幣數量論，對如今聯準會的操作頗為不滿。他指責，聯準會已經基本上拋棄了貨幣政策正統──控制貨幣供應。米納德認為，聯準會以犧牲在控制貨幣供應和管理資產負債表方面的職責為代價，對金融市場給予了過度的關注。

客觀上說，如今美國通常認為的通膨難題（以 CPI 為指標）要弱於 1970

年代大通膨時期，而金融資產泡沫風險要遠遠大於 70 年代。當時的大通膨，除了貨幣超發外，更為根本的原因是布列敦森林制度解體導致美元信用崩潰，進而導致美元全面貶值，對應的商品價格則全面上漲。重建美元信用非一日之功，它是一個美元重新定價的自發程序。此後十年大通膨是美元三次貶值、重新發現價格的十年。其實，如今的貨幣超發規模遠勝當年，若按傅利曼的通膨定義，今日之通膨要恐怖得多。只是通膨形態發生了變化，從商品通膨轉變為金融資產通膨。因此，本輪緊縮週期，聯準會真正擔心的是金融崩潰。

02 內憂外患

根據歷史經驗，聯準會每輪貨幣寬鬆都會引發全球流動性氾濫，新興國家層層加碼，金融資產、債券及房地產泡沫膨脹；每輪貨幣緊縮都會引發全球流動性下降，新興國家金融動盪，全球資產泡沫岌岌可危。這就是聯準會的計畫經濟，或者說聯準會的緊縮計畫引發的悲觀預期。

聯準會的緊縮政策是如何影響全球經濟的？

美元是全球第一大儲備貨幣、第一大國際結算貨幣，聯準會的緊縮政策對全球經濟的衝擊是全方位的。

全球流動性下降，融資成本上升，債務風險加劇。

聯準會提高聯邦基金利率，推動全球融資成本上升，借入大量美元債的政府、企業的償債成本增加。美國聯邦政府付息成本增加，土耳其政府、恆大集團的美債的償債壓力增加。若美元利率繼續上升，政府及企業的美債償付能力達到閾值時，就會爆發債務危機。

債券收益率上升，資產價格波動，資產泡沫崩潰。

通膨，滯脹

債券、石油、黃金均是美元的對沖產品。當美債氾濫貶值時，債券、石油、黃金成為抗通膨避險資產；當美元緊縮利率上升時，美元變得稀缺金貴，市場回收流動性下降，債券、石油、黃金價格容易下跌。

聯準會是美債的最大持有者，聯準會縮表直接拋售美債，美債價格下跌，債券收益率會上升。美債是全球金融資產的定價之錨，美債抵押資產縮水會加大金融產品風險，市場紛紛贖回現金，股票、基金等資產價格下跌，甚至可能崩盤。

有人會感覺奇怪：聯準會升息消息出來後，十年期美債收益率不漲反降；同時，美國三大股指反而大漲。原因很簡單，這次升息是打明牌，市場提前消化了升息風險。俄烏衝突爆發後，十年期美債收益率下滑，但2022年3月6日之後市場預期推動其收益率迅速上升，在升息政策宣布前創下2.239的新高。道瓊指數和那斯達克指數均自2022年1月開始進入下跌通道，股票市場提前進入緊縮週期。這次升息的力度基本符合股票市場的預期。

新冠疫情、貨幣寬鬆和俄烏衝突推動黃金、國際原油及大宗商品價格大幅度上漲。美元緊縮能否降低大宗商品價格？美元對大宗商品的對沖優勢是碾壓式的，原油和黃金無法與美元競爭。從資產負債表的角度來看，所謂的「美金」、「石油美元」如今已不復存在。

我們可以簡單回顧一下美元與石油、緊縮與通膨的大決戰史：

1971年布列敦森林制度解體導致金本位制度崩潰，黃金被踢出貨幣市場，美元也遭遇信用危機。接著，美國因美元信用危機陷入十年滯脹。到1982年，美國經濟面臨大蕭條以來的至暗時刻，國際原油和黃金價格大漲，而聯準會正在實施高度緊縮政策。當時一些人懷疑美元的國際信

用，質疑美元是否還能與黃金、石油抗衡，緊縮政策能否壓制通膨。雷根（Ronald Reagan）政府的財政預算部官員透過模型推演認為，只要聯準會堅持升息，國際資本就會拋棄石油、黃金等抗通膨產品，轉而大舉買入美元及以美元計價的資產。結果正如模型推演的那樣，黃金、石油及大宗價格下跌，美元重建信用，美元指數上升，通膨逐漸回落，美股開啟了一輪大牛市。

沙烏地阿拉伯石油商是否會削減美元支付？石油貿易在美元國際結算中的占比很大。當美元氾濫時，石油商會適當增加歐元、英鎊及其他貨幣的支付比例。但假如俄烏衝突及對俄羅斯制裁不再擴大化，一旦美元進入升值通道，美元的國際結算比重就又會增加，包括沙烏地阿拉伯在內的石油商會紛紛要求以美元結算。

俄烏衝突爆發後，國際原油價格一度突破 120 美元一桶，但 2022 年 3 月 16 日升息前預期驅使油價回落，提前釋放了風險。升息消息公布後，WTI 即時油價回升到 97 美元。未來，油價走勢最大的不確定性還是俄烏衝突以及對俄羅斯的制裁。

美元指數上升，新興國家和地區貨幣貶值，資金外流、通膨上升。

聯準會進入緊縮週期，他國央行通常也會跟隨。原因有兩方面：

一方面，美元升值，本幣貶值壓力大，資金外流、通膨上升，可能觸發匯率風險和金融動盪。另一方面，美元是全球使用規模最大的儲備貨幣，不少國家的央行透過儲備美元來發行本幣，美元緊縮，意味著他國央行手上的「子彈」減少、「子彈」價格更貴，抑制了其貨幣擴張的能力。

通常，歐美國家底子好、實力足，勇於跟聯準會一起緊縮或推遲緊縮，新興國家和地區則會因貨幣及債務過度擴張而陷入兩難境地。如果是固定

匯率，則緊跟聯準會腳步；如果是自由匯率，主要看國力和地區實力，弱則搶跑，強則拖沓；如果是有管制的固定匯率，情況更要複雜得多。

香港採取固定匯率，相關機構只有金融管理局，實施連繫匯率制度。香港嚴格遵循不可能三角原則，港元與美元掛鉤，資本自由流通，放棄獨立的貨幣政策。當聯準會宣布升息 25 個基點時，香港金管局第一時間跟進升息，「根據預設公式，基本利率設定於 0.75%」。香港與巨人同頻賽跑，足以看出其強悍的國際金融實力。

2022 年 3 月 10 日，歐洲央行會議決定，考慮到俄烏衝突的不確定性，維持現行的寬鬆政策不變。行長拉加德（Christine Lagarde）表示，歐洲央行的升息過程將是漸進的，更可能在年底跟進升息。

聯準會宣布升息的這一週是 2022 年內最關鍵的全球央行超級週，市場關注各經濟體央行對聯準會升息的反應。英格蘭銀行在 2021 年已提前升息，預計這次也會緊跟聯準會，連續第三次升息 25 個基點。巴西央行因 2021 年通膨飆升已大幅搶跑，預計將連續第九次提高關鍵利率，至 11.75%。俄羅斯因戰爭與制裁陷入極端困境，盧布崩盤，通膨爆發，預計俄羅斯央行在 2 月 28 日 1,050 個基點的升息後還將繼續提高利率。日本的步調與歐洲央行更接近，晚於聯準會緊縮。土耳其央行屬於搶先爆雷、自暴自棄型，要麼按兵不動，要麼反其道而行之。

總之，聯準會進入緊縮週期，新興國家瀕臨貨幣危機。

03 降多加少

本輪緊縮週期多長？聯準會最終升息幅度多大？

通常，聯準會緊縮週期為 2～3 年，FOMC2022 年 3 月點陣圖預期，到

2023年，聯邦基金利率提至2.8%。有沒有可能繼續往上走？聯準會也無法給出答案，唯一的答案就是未來充滿不確定性。

不過，我們可以從一個大週期的歷史經驗角度來理解聯準會的貨幣週期。開啟聯準會的聯邦基金利率歷史走勢圖，從沃克抗擊通膨的1982年看起，我們可以發現兩條非常清晰的規律：

一是從1982年開始，聯邦基金利率一直在階梯式下行，一直降到本輪升息之前的0.25%。換言之，過去40年，我們其實一直處於一個大寬鬆週期。

二是從1982年開始，聯準會每一輪的貨幣政策都採取不對稱操作，即每一次降息幅度都要大於升息幅度。這導致聯邦基金利率呈階梯式下行：1982年寬鬆週期降14個點（百分點），1988年緊縮週期只加3個點；1990年寬鬆週期降6個點，1994年緊縮週期只加2個多點；2000年寬鬆週期降4個點，2005年緊縮週期加將近4個點；2008年寬鬆週期降5個點，2015年緊縮週期只加2.5個點；2019年8月開啟降息，2020年3月聯邦基金利率直接降到零附近。

這是一個有趣的發現。按照凱因斯主義的說法，聯準會可以借用公共信用實施「逆風而行」的操作，即在經濟蕭條時實施寬鬆政策，在經濟復甦時再將多餘的貨幣收回來。

但是，覆水難收。

法定貨幣鑄幣權作為一種公共用品，缺乏價格機制，分配效率不足，催生「搭便車」動機，容易淪為「公地悲劇」。超發貨幣，皆大歡喜；緊縮貨幣，痛不欲生。凱因斯是菁英主義思維，他設想由獨立於政府的政治菁英（經濟學家）按照學術中立來制定貨幣政策，以實現中性利率。沃克是

凱因斯的理想主席，葛林斯潘是聯準會最傑出的交易員。金融危機爆發後，民眾「鞭撻」葛林斯潘，柏南奇（Ben Shalom Bernanke）、葉倫（Yellen）、鮑爾三位聯儲主席均過度迎合民眾意願，寬鬆不遺餘力，緊縮戰戰兢兢。當然，這不是央行行長的問題，而是中央銀行制度的問題。

每一輪大寬鬆都會阻斷市場出清，催生大量的劣質需求、劣質企業和劣質資產。比如，聯準會印錢，經財政部發給家庭，以此刺激旺盛的需求，就屬於劣質需求——不是源自真實儲蓄，而是來自真實債務。聯準會跳過商業銀行直接提供貸款養活的企業，屬於劣質企業——市場信用已破產；依靠聯準會透過寬鬆方式將市場利率壓到自然利率之下才能存活的企業，也屬於劣質企業——接受正常利率即破產。劣質資產就是完全由貨幣累積起來的貨幣泡沫，如近些年的房地產泡沫和股票泡沫。

劣質需求、劣質企業和劣質資產導致經濟系統非常脆弱，整個金融系統依靠債務存活。聯準會稍微提高聯邦基金利率，市場利率小幅度上升，就會超過劣質企業的償債能力，使其立即陷入破產危機；或者，金融市場缺乏實體價值支撐，泡沫因流動性下滑而崩潰。面臨如此恐怖之象，聯準會根本不願也不敢大幅度提高聯邦基金利率——除非CPI疾起。簡言之，寬鬆週期製造的鉅額債務壓制著聯邦基金利率抬升。

如此，過去40年，我們一直生活在大寬鬆週期中，聯準會的資產負債表持續膨脹，聯邦政府債券規模也大幅增加。

鮑爾在上一輪緊縮週期中只將聯邦基金利率加到2.5%就開始進入寬鬆週期，這次他能突破自己的紀錄嗎？

在上兩輪寬鬆週期（金融危機寬鬆和大疫寬鬆）中，聯準會實施了接近於零的聯邦基金利率，合計時間長達8年。極低利率飼養了一大批巨嬰

般的劣質企業和劣質資產。對靠極低利率輸氧存活的企業來說，稍微提高利率或遭遇外溢性風險，就會觸及「臨界態」，發生債務危機。2019 年 5 月，那斯達克指數回撤 8%，聯準會便不敢再往上升息，並於 8 月開始降息。如今，這輪利息還怎麼加？

目前，聯準會最大的挑戰來自俄烏衝突的不確定性。2022 年 3 月議息會議的公報指出，俄烏衝突對美國經濟造成的損失非常不確定，可能會對美國的供應和貿易產生外溢效應。戰爭將使供應鏈問題更加錯綜複雜。能源價格上漲正在推高通膨，烏克蘭危機造成了更大的通膨上行壓力。[10]

從公報可以看出，聯準會最擔心的還是這場戰爭引發的能源危機，而不是盈餘代理人危機和主權債務危機。金融制裁導致俄羅斯央行超過一半的外匯被凍結。3 月 16 日是俄羅斯主權債券付息日，俄羅斯方稱已支付出去，但對方未必能收到。這可能構成技術性違約，但無關宏旨，因為俄羅斯主權債務違約的風險敞口有限。俄羅斯主權債務 2022 年內剩餘到期量為 182.7 億美元，美元債務約占 25%，歐元債務約為 0.68%。

如果戰爭擴大和制裁更新導致能源價格進一步大漲，則是聯準會最不願意看到的。假設一種極端情況，這場戰爭導致石油價格飆升到 200 美元以上，時間長達幾個月，美國通膨火上澆油，同時金融岌岌可危，聯準會還繼續升息嗎？在這個時候，聯準會大機率會按下暫停鍵，如果金融崩潰衝擊到實體經濟，還可能繼續實施寬鬆政策。

最後，我們從 40 年大寬鬆週期角度看聯準會與新興國家的關係。過去 40 年，新興國家因加入全球化而興起，是聯準會大寬鬆的直接受益者——擁有了廉價的國際資本。1997 年，克魯曼（Paul Krugman）曾指出亞洲奇蹟

---

[10] 美國聯邦公開市場委員會 2022 年 3 月 16 日會議聲明。

通膨，滯脹

依靠廉價資本不可持續。當時，聯準會處於緊縮週期，大量資本從亞洲回撤到美國被投入新興的網際網路市場中。接著，亞洲爆發了金融危機，克魯曼名聲大噪。但是，2000年網際網路泡沫危機爆發和次年的「9‧11」恐怖襲擊，使聯準會大幅度降息，這又拯救了亞洲新興國家。2008年金融危機爆發後，同樣的劇本再次上演，新興國家再次「失而復得」廉價的國際資本。

過去40年，聯準會哪怕有一次採取稍微有力的緊縮措施，將聯邦基金利率提高到4%以上，新興國家都可能面臨日本泡沫危機般的災難。

我們經常罵聯準會放水，其實新興國家放水更甚。不論是金融危機寬鬆週期還是大疫寬鬆週期，新興國家如巴西、土耳其的貨幣供應總量——廣義貨幣（M2）增速均遠遠高於美國。很多人感到奇怪，聯準會大搞量化寬鬆，為什麼美國的廣義貨幣增量這麼少？

聯準會緊縮像拉毛線，直接提高了商業銀行的融資成本，容易推高市場利率；聯準會寬鬆就像推毛線，聯邦基金利率很低，但商業銀行出於風險考慮而謹慎放貸。凱因斯認為這是市場失靈，叫流動性陷阱。其實，這是市場顯靈。美國的商業銀行是私人銀行，利率市場是自由市場。聯準會應該感謝商業銀行和自由市場，是它們的自利原則調節了貨幣總量，在一定程度上抑制了聯準會以公利為目標的胡作非為。但是，很多新興國家沒有獨立的央行，更沒有私人銀行、自由利率市場，這種自由市場缺失導致貨幣總量失控。這就是新興國家貨幣危機（債務危機）的根源所在。

當然，新興國家寄希望於美國先爆雷，聯準會半途按下暫停鍵然後直接降息，如2007年次貸危機、2020年疫情和股災危機時一樣，這樣就能再混一個寬鬆週期。

通膨，還是滯脹？

2021 年 3 月，美國國會通過了拜登政府提出的 1.9 兆美元的經濟刺激方案。

市場反應不一，公眾預期混亂：有人認為財政刺激會加速經濟復甦；有人則擔心通膨接踵而至，甚至引發經濟滯脹。

資本市場跌宕起伏，股票大漲大跌，2020 年上漲迅速的新能源股大幅下跌。市場擔心，通膨預期增加，會加速流動性轉折點到來，聯準會提前緊縮貨幣。最敏感的十年期美債收益率一度攀升至 1.64%，債務市場驚出一身冷汗。

大疫放水是否會引發通膨？通膨從何而來？通膨與債務問題是否會誘發滯脹危機？

本節分析財政及貨幣擴張與通膨、滯脹的關係。

01 通膨從何而來？

通膨，是經濟學中極易被誤解的概念，指的是貨幣貶值。米爾頓‧傅利曼的理解是準確而精練的，他說：「通貨膨脹在任何時候、任何地方都是貨幣現象。」

但是，這句話也經常被經濟學家誤解。有人說，過去幾十年，貨幣發行量持續大規模增加，但是物價卻是穩定的，沒有出現通貨膨脹。

其實，這些人並沒有理解傅利曼的話。當時，很多人認為，通膨是物價現象，是成本現象。傅利曼直擊本質 —— 通膨是貨幣現象。通膨並不

通膨，滯脹

等於物價上漲，物價上漲通常被看作通膨的表現。

但這種表述也不嚴謹，表現在兩個方面：

一是物價上漲只是通膨的表現之一，房價上漲、股價上漲、大宗商品價格上漲，都是結構性通膨。

過去幾十年，大量貨幣流向股票市場、房地產市場，導致股票價格上漲、房價上漲，這就是通膨。過多的貨幣追逐過少的商品或資產，便是通膨。過去幾十年，不是沒有發生通膨，只是通膨發生在房地產市場和金融市場。這恰恰證實了而不是證偽了「通膨即貨幣現象」。

二是供應短缺、成本上升推動的價格上漲，並不是通膨。

如果是供應短缺，如石油輸出國組織大幅度降低石油供應，導致油價上漲，帶動大宗商品及物價上漲，這種現象並不是通膨。因為價格機制會產生調節作用，成本推動價格上漲，價格上漲激勵供應增加，供應持續增加逐漸平抑價格。成本推動的高價格不可能長期維持，除非人為控制。傅利曼釐清了通膨的概念，供應短缺導致的價格上漲問題，並不是真正的通膨。通膨的真正問題是貨幣超發。

歷史上的通膨，尤其是惡性通膨，都是貨幣超發引起的貨幣貶值現象。我們以1970年代大通膨為例。美國人最開始以為通膨源自1973年的石油危機。石油危機引發石油短缺，導致短期內價格翻了數倍，整體價格大幅上漲。但是，後來經濟學家發現，通膨並非源自石油危機。傅利曼指出，成本推動價格上漲並不是真正的通膨，通膨的根本原因是60年代的貨幣超發，石油危機只是通膨螺旋的誘發因素。

「二戰」後，凱因斯式政策在美國成為主流。但是，貨幣超發現象並不嚴重，政府的財政赤字控制得也比較好。主要原因是，當時聯邦政府的

財政擴張主要依賴高稅收，而不是財政赤字貨幣化。

但是，從 1965 年開始，高稅收已無法支撐迅速擴張的財政赤字。當時的詹森（Lyndon B. Johnson）總統提出了「大社會」計畫，做鄉村建設，向黑人、少數族裔及女性發福利。從 1965 年到 1969 年，聯邦支出總共增加 55%，每年增加 11%，而在此之前的三年，每年支出僅增加 2%。

高稅收無法支撐財政赤字，詹森總統只能向聯準會融資，聯準會在此後幾年擴張了貨幣。從 1967 年到 1968 年，M1 成長了 3% 左右。貨幣超發引發了通膨。從 1960 年到 1965 年，通膨率都維持在 1.6% 以下的低水準。但是從 1966 年開始，通膨率大幅度上升：1966 年飆升到 3.01%，1967 年回落到 2.78%，1968 年又反彈到 4.27%，此後兩年都在 5% 以上。

所以，在詹森時代，通膨就已經初現端倪。到了尼克森（Richard Nixon）時代，通膨壓力越來越大。尼克森的整個職業生涯都在與通膨做抗爭。自稱「在經濟上是一個凱因斯主義者」的尼克森採取了干預主義辦法，凍結食品價格，阻撓工會加薪，規定薪資成長率不得超過 5.5%。但這些努力最終都失敗了，通膨更加嚴重。

對於價格干預的失敗，傅利曼的價格理論有著清晰的解釋。

人為壓低價格，打擊了供給，供給減少加劇了供不應求，價格反而上漲。價格機制不發揮作用，價格難以自動平復。

當時的聯準會主席伯恩斯（Arthur F. Burns）曾是尼克森的經濟顧問，他給予了聯邦財政融資過多的支持。尼克森錯誤的價格干預和伯恩斯寬鬆的貨幣政策，進一步推高了通膨。

自 1972 年至 1973 年，雞蛋價格上漲 49%，肉類整體價格上漲 25%。這是發生在石油危機之前的事情。石油危機到來後，通膨徹底爆發，1973

年通膨率為 6.16%，1974 年高達 9.2%。

傅利曼的通膨理論是最易理解的，任何東西供應遠大於需求都會貶值，貨幣也是如此。問題是貨幣發行多少為超發？

傅利曼基於費雪方程式論證了貨幣流速長期恆定。但是，後來很多人（包括孟岱爾和張五常）提出，在傅利曼的時代，金融投資規模小，尤其是國際外匯交易遠不如今天頻繁，貨幣流速也完全不同，實際情況並不是傅利曼證實的「流速是穩定的」。

其實，在自由市場中，供應是多還是少，不是人為決定的，也不是透過計算公式測算的或推理的，而是由無數個自發性交易決定的。根據傅利曼價格理論，貨幣是否超發，就看價格，看消費價格是不是上漲了，房價是不是上漲了，股價是不是上漲了，薪資價格是不是上漲了，債券價格是不是上漲了，利率是不是下跌了，匯率是不是下跌了。

從 2008 年金融危機到 2020 年，雖然美國消費價格和薪資價格穩定，但是美股翻倍，房價大漲，債券價格上漲，利率長期「躺零」，這定然是貨幣超發，即通貨膨脹。

但是，這輪通膨中，房價和股價上漲，卻並未引起物價上漲和薪資價格上漲，也未引發通膨螺旋。這是為什麼？

通常的邏輯是，如果市場是水準的，銀行實施信貸寬鬆政策，貨幣流向房市和股市，房價和股價上漲，這時，有兩個途徑可能會引發物價或整體價格上漲：

第一，勞動薪資。

銀行、房地產與金融三大領域及其相關領域從業人員的薪資收入會上漲。比如過去十年，市場上收入最高的一群人主要是銀行、房地產及金融

從業者。貨幣經由他們之手流向消費類市場，引發物價上漲。這就是傳導效應。

第二，投資風險。

受資本邊際效率遞減規律支配，只要技術保持不變，資本投入越多，收益率越低，風險越大。大量資本進入股票市場和房地產市場時，股市和房市的泡沫風險就越來越大。這時，市場風險機制就會發揮作用，一些投資者會將資本配置到低風險的實業進行投資，一些中產會將資本轉化為消費，如更換新車。如此，貨幣就傳導到實體經濟中。

但是，這種情況在過去十多年並未完全發生，主要原因有兩個：

一是收入懸殊，少部分人獲得了大部分財富。

銀行行長、房地產城市經理、基金經理年入百萬元甚至千萬元。受邊際消費傾向的支配，高收入族群將大部分財富拿來投資而不是消費。如此，更多的貨幣流向了投資領域。與之形成對比的是，大多數人收入低、儲蓄少、消費能力弱，貨幣也難以進入消費市場。所以，如果整體家庭收入不高，消費價格上漲的動力就會偏低。但是，這種低物價並不是好事，因為這說明財富嚴重不均，窮人在實體中通縮，富人在資產中通膨。表面上儲蓄率高，但結構性問題嚴重。

房地產、金融及其相關領域也催生了一批中產，城市中產是消費的主力軍。不過，中產將家庭收入的大部分投入房地產中。房子，對於中產來說，與其說是資產，不如說是真實的負債，至少從消費端來說是如此。中產每月支付的房貸，嚴重擠壓了消費，進一步削弱了消費能力。

二是存在道德風險，人為改變了資金流向。

政府及央行反覆救市，對股票市場和房地產市場的反覆施救引發了極

大的道德風險。很多人判斷，政府及銀行系統與美股、房地產高度捆綁，不可能不施救。於是，資金反覆進入股票、債券與房市中打滾。

同時，貧富懸殊，窮人缺乏消費能力，中產債臺高築，消費市場低迷，富人不願意投資實業，因為大量資金進入，很快就會造成產能過剩。一些大宗商品短期內大漲，如果沒有足夠的消費力化解，也會引起產能過剩；商品大量積壓在企業端或上游，甚至會引發區域性市場的價格下跌。

這是人為製造的市場扭曲。表面上貨幣流向房地產市場和股票市場，抑制了通膨，保護了窮人和中產，其實是「豢養」了窮人，利好了富人，打擊了中產，製造了泡沫危機和債務危機。

02 滯脹從何而來？

1970年代的大通膨，還有另外一種可能的來源，即美元本身遭遇信用危機。

如果把通膨比喻成貨幣大廈崩盤，那麼傅利曼認為，有可能是大廈越蓋越高，最後難承其重，導致垮塌。還有一種可能是，大廈崩盤於地基（貨幣之錨）抽空。

金屬貨幣的地基是金銀，不是官銀或女王的頭像。鑄幣者有時透過削減金銀含量或以次充好的方式收取鑄幣稅。市場一旦發現劣幣，容易出現劣幣驅逐良幣現象。這種情況會越來越嚴重，導致貨幣價值貶損，直至崩潰，即爆發通膨。

金本位貨幣亦同理，貨幣之錨是黃金，本幣要錨定黃金價格。

如果一國黃金儲備大規模減少，或者政府債務尤其是對外債務大規模增加，本幣抵押物價值縮水，沒有足夠的黃金儲備滿足剛性兌付，就會導

致貨幣價值崩潰，黃金大漲，通膨爆發。

70年代的大通膨主要緣於美國債務負擔加劇，無力支撐高價美元，最終擊潰了布列敦森林制度。

我們簡單回顧一下布列敦森林制度。這個體系是「二戰」後的國際匯率體系。它以美元為基本盤，成員國貨幣錨定美元，美元錨定黃金，最初比價是1：33。布列敦森林制度實質上是金本位貨幣體系。

這個體系崩潰與否關鍵看美國能否維持美元與黃金的固定比價，從根本上看是美國是否具備充足的黃金淨儲備。

1949年美國的黃金儲備達到246億美元，占到了歐美世界的73.4%。但是，從50年代開始，美國貿易持續逆差，黃金不斷外流。到1960年，美國的黃金儲備下降到178億美元，引發了第一次美元危機。為了防止美元貶值，美國在1961年聯合了法國、英國、瑞士等8個國家，共同拿出2.7億美元，建立了一個黃金總庫。英格蘭銀行負責經營黃金總庫，在倫敦交易以維持黃金價格。這種情況的出現是由特里芬難題決定的。

到了1965年之後，國際收支持續惡化的同時，美國債務規模快速增加，其中包括大規模外債。主要原因有二：一是詹森總統的大社會計畫增加了政府赤字；二是長期的對越戰爭加重了美國對外債務，美國從戰後的債權國淪為債務國。

我們看具體數字。到1968年3月，美國黃金儲備下降到121億美元，而對外短期債務達到331億美元。這引發了第二次美元危機。1971年上半年，美國的貿易逆差高達83億美元，黃金儲備只有102億美元，對外流動債務高達678億美元，是黃金儲備的6倍多。

這時，尼克森總統讓季辛吉（Henry Kissinger）組建了一個團隊研究對

策。季辛吉提拔沃克擔任聯邦財政部副部長來負責這個專案。經過幾個月的研究，沃克提供了一個操作方案，那就是美元與黃金脫鉤，停止對外兌付黃金。1971年8月，尼克森在大衛營會議後宣布了這一決定，即布列敦森林制度瓦解。

所以，貿易赤字和政府赤字消耗了美國的黃金淨儲備，抽空了美元之錨，美元無法維持與黃金的固定比價，布列敦森林制度解體，價格崩盤，黃金大漲，美元貶值，通膨爆發。

當時，美國面臨的問題是重建美元信用，而不僅僅是控制貨幣發行量。當然，控制貨幣發行量是重建美元信用的重要方式，但僅採取這一措施是不夠的。重建美元信用，包括重新為美元尋找信用錨、重建貨幣制度、控制貨幣發行量、促進美國經濟復甦等。

這個過程很漫長。1971年的大衛營會議後，負責貨幣事務的沃克馬不停蹄地飛赴歐洲及日本等地，試圖說服歐美世界的財長與行長接受這一現實，並對美元保持信任。為了穩定美元信用，美國政府與中東國家簽署了石油國際結算協議，指定由美元作為石油國際結算的唯一貨幣。這就是我們所說的「石油美元」。

布列敦森林制度崩潰後，美元成為無錨貨幣，即信用本位貨幣。與金本位貨幣不同，聯準會沒有兌換黃金的義務。即使被稱為「石油美元」，聯準會也不會向美元持有者兌付石油。它的作用是透過國際石油結算加大對美元的需求，穩定國際市場對美元的信任。

但是，不巧的是，1973年石油危機爆發。像前幾年黃金大漲一樣，石油大漲，市場搶購石油，拋棄美元，美元貶值，大通膨爆發。從這個角度來看，石油危機並不是通膨的誘因，而是美元尋錨失敗的結果。石油危機

通膨，還是滯脹？

爆發，貨幣信任危機觸發大通膨，大通膨導致經濟蕭條，經濟蕭條反過來侵蝕國家信用，國家信用坍縮排一步打擊美元信用。

到了1980、1990年代，世界主要國家基本上都重建了信用貨幣體系，廣義上以國家信用為錨。美元主要以國債及證券為錨，其他國家的貨幣主要以美元及國債為錨。

所以，70年代的大通膨就有兩種解釋：一種是傅利曼的貨幣超發說，即大廈蓋得太高；另一種是貨幣之錨崩盤，即大廈地基不牢。80、90年代，傅利曼的解釋頗為流行，最近十多年，後一種解釋備受關注。

不管哪一種解釋都面臨一個問題：通膨為何演變為滯脹危機？

滯脹危機在歷史上是十分罕見的。價格上漲通常與經濟過熱連繫在一起，而不是經濟蕭條。根據價格理論，市場價格上漲，會激勵投資增加，使產能擴張。但是，1970年代的大通膨卻是一場持續多年的滯脹危機。以1974年為例，美國通膨居高不下，失業率飆升到7%以上，實際經濟斷崖式跌入負成長。

在此之前，凱因斯主義界流行一種理論──菲利浦曲線。這個理論最初是由紐西蘭經濟學家威廉·菲利浦（Bill Phillips）提出的，它揭示的是失業率與薪資的負相關關係：失業率上漲，名義薪資下降；失業率下降，名義薪資上漲。

到1960年，薩繆森用美國歷史資料替換了菲利浦使用的英國歷史資料，用物價上漲率代替名義薪資成長率，得出了通貨膨脹率和失業率之間的替換關係。當通貨膨脹率上升時，失業率下降；失業率上升時，通貨膨脹率下降。他將這一理論命名為「菲利浦曲線」。

這個理論簡單直接，被樹為薩繆森新古典綜合派的大旗，在凱因斯主

通膨，滯脹

義界地位甚高。但是，到了 70 年代，菲利浦曲線失靈了，通膨率與失業率同時飆升。薩繆森將這種經濟現象定義為「滯脹」。但是，他無法解釋滯脹，凱因斯主義者陷入了迷茫。

滯脹危機的爆發，意味著菲利浦曲線失靈，凱因斯主義破產。當時經濟學界面臨的難題就是，如何解釋滯脹危機。

03 危機從何而來？

1978 年，經濟學家小盧卡斯（Robert Emerson Lucas Jr.）提出，我們需要重新反思貨幣經濟學。他指出，貨幣及財政擴張對經濟的刺激，容易被市場預期到，公眾會反過來利用公共政策炒房炒股和爭取福利，導致資金空轉，經濟泡沫化。這就是「盧卡斯批判」。

在此基礎上，布坎南（James M. Buchanan）從憲政的視角指出，菲利浦曲線的背後，是所謂的民主過程中，大眾欲望膨脹對政治勢力擴張的縱容，以及政治勢力擴張對大眾欲望膨脹的哄騙。

小盧卡斯和布坎南都基於理性預期，即市場對政策可以先知先覺，否定了凱因斯式政策的作用。傅利曼和哈耶克主張的是後知後覺，指出這種刺激性的政策製造了滯脹危機。

1976 年，傅利曼獲得了諾貝爾經濟學獎。在發表獲獎演講時，他抓住機會認真地批判了菲利浦曲線。他說，由於短時間獲取的資訊成本太高，價格上漲時，雇主會產生「貨幣幻覺」（誤解了價格資訊）：誤以為市場需求擴大從而增加僱傭，擴張產能，提高槓桿。過一段時間，原材料和薪資價格也上漲，這時雇主反應過來了，解僱工人，縮減產能，就業和經濟照舊，剩下的只有通膨。

這就是長期貨幣中性。

傅利曼使用的是價格理論和貨幣中性理論，哈耶克使用的是從資訊分散、迂迴生產到企業家才能的一整套理論。哈耶克認為，政府信用擴張，會導致市場利率下降，商品價格上漲，企業家產生誤判，盲目擴大生產，增加負債率，加大迂迴生產的風險。表面上市場欣欣向榮，實際上市場需求並沒有增加。當政府的信用擴張無法持續時，銀行收緊貸款，企業就會破產，使失業增加，經濟陷入蕭條，即發生滯脹危機。

不管是先知先覺還是後知後覺，新自由主義者遵循的都是古典主義的市場邏輯，即政策資訊→價格機制→個體決策→市場失衡（滯脹危機）。他們認為，貨幣是穩定器，價格是指南針。貨幣超發引發通膨，使市場資訊混亂，個體決策錯誤，經濟陷入混亂、停滯與蕭條。

所以，治癒通膨或滯脹的關鍵是穩定價格，而穩定價格的關鍵是控制貨幣發行量。在這方面，德國弗萊堡學派的奧伊肯提出的貨幣目標優先原則，是最為明確且有效的。他的理論被認為是聯邦德國經濟持續低通膨成長的根本。

1979年，擔任聯準會主席的沃克施以虎狼之藥控制通膨。在沃克看來，「一點點通膨也是危險的」。1982年，美國經濟跌入大蕭條以來最糟糕的境地，沃克依然不放鬆，還將利率提高到20%。新自由主義的理論和沃克的成功經驗告訴世人，控制貨幣數量、穩定市場價格，在滯脹危機中都是第一位的。

另一種解釋是，滯脹危機是由於美元信用坍塌引發的系統性經濟危機。傅利曼及新自由主義者對滯脹的解釋包含著一個經濟過程。但是，70年代的滯脹危機似乎沒有這麼清晰的過程，它更像是一個系統性的危機，

通膨，滯脹

債務危機、通膨危機、外匯危機幾乎同時爆發。這場危機之所以反反覆覆延續了十年，是因為美國的國家信用遭遇了危機，而不僅僅因為簡單的貨幣超發。

反過來說，要走出這場危機是艱難的，它需要重塑美國的國家信用和美元信用。從這個角度來說，重塑國家信用是走出滯脹危機的關鍵。

沃克在1982年贏得了勝利，關鍵是控制貨幣發行量，根本上是重塑了美元的信用。如果沃克在1975年擔任聯準會主席，採取同樣的措施，能否解決滯脹問題？

布列敦森林制度解體後，各國開始重塑信用貨幣體系，美元及各國本幣走上了艱難的尋錨之路。經過十年的競爭，國際市場還是更加認可美元，因為美元之錨──美國的國家信用（黃金、國債）更加可靠。當時，雷根政府的財政官員斯托克曼（David Stockman）及孟岱爾都相信，只要聯準會提高利率，大量國際資本就會拋棄大宗商品，重新回流美國購入美元資產，出現一種「美好場景」。這就是信用貨幣時代的競爭邏輯──矮個子中挑高個子。同時，不少國家缺乏足夠穩定的信用錨，它們傾向於以美元作為抵押資產發行本幣。

結合以上兩部分，我們看看大疫放水是否會引發通膨，甚至是滯脹。

要避免通膨或滯脹，我們似乎需要兩個出色的工程師：一個工程師負責控制地面上的建築規模，另一個工程師負責建築基底的規模。當然，人為控制貨幣大廈本身就是不可靠的。

根據傅利曼的貨幣主義，過去幾十年，世界一直處於貨幣超發的通膨之中，主要表現是房地產及金融資產價格泡沫。大疫放水後，人們聚焦於消費價格是否上漲，或市場整體價格是否上漲。消費價格是否上漲取決於

通膨，還是滯脹？

兩個方面：一是家庭淨收入水準；二是房地產及金融資產的價格上漲趨勢是否逆轉。

在疫情之前，美國經濟景氣，就業充分。這場疫情像「暴風雪」突然降臨，但對美國家庭的資產負債表衝擊遠不如2008年金融危機。拜登政府剛剛通過了1.9兆美元財政刺激法案，其中不少給了美國家庭。在2021年9月之前，年收入低於75,000美元的居民都將收到1,400美元的支票，失業人士每週可以得到300美元的補貼。這部分貨幣多數將流向消費市場。

所以，原本家庭資產負債表就相對健康，加上大規模的放水，如果疫苗快速涵蓋，美國經濟復甦會較快，通膨率也定然會上升。

至於通膨率上升多少則難以預測。

美國財政官員和聯準會官員對通膨並不那麼擔憂。現在全球主要央行行長都是凱因斯的門徒。現任美國財長葉倫曾經是聯準會的主席，其博士論文導師就是凱因斯學派的詹姆士・托賓（James Tobin）。他們嘴上不承認現代貨幣理論，但其政策依據便是此理論，實施量化寬鬆和財政赤字貨幣化。

這些凱因斯門徒輕視甚至否定傅利曼的貨幣數量論，他們更關注的是美元的基石，即國債信用是否出問題。在他們看來，美國債務不發生危機就不會爆發美元危機，也就不會爆發通膨或滯脹。

至於傅利曼所說的通膨（貨幣超發引發物價上漲），只是小問題，聯準會可以透過貨幣政策調節。

問題是，美國借了這麼多錢，不會爆發債務危機嗎？是否會遭遇1970年代那種情況──財政赤字和貿易赤字擊穿美元的信用？

通膨，滯脹

美國聯邦財政赤字從 2016 年的 5,850 億美元連年攀升至 2019 年的 9,840 億美元，2020 年翻倍，總額超過 3.1 兆美元。財政赤字率達到了 1945 年以來的最高水準。至 2020 年 11 月末，美國聯邦債務總額已高達 27.4 兆美元，占 GDP 比重高達 134%。

2020 年，美國國債的利息支付負擔為 3,380 億美元。美國國會預算辦公室（CBO）估算認為，2021 － 2025 年的政府利息支出將控制在每年 2,700 億～ 2,900 億美元。

但是，美國財政官員並不擔心償付危機。原因是，美元與美債是相互鋪底的關係，也是對沖關係。當經濟上升時，聯準會緊縮美元，美元走強，美債走弱。當經濟蕭條時，聯準會擴張美元，美元走弱，美債走強。美元和美債都是美國的國家信用，美元強時透支一些給美債（購買國債），美債強時透支一些給美元（財政刺激）。是不是無解？現代貨幣理論其實是在貨幣的信用基石上耍了小聰明。

拜登政府推行 1.9 兆美元刺激法案，市場預期通膨上升，聯準會政策收緊，美元走強，美債價格下跌，十年國債收益率上升。

有人擔心美債崩盤，但是聯準會最擔心的是經濟蕭條時美元走弱，而不是經濟上升時美債走弱。

不過，雖然美債與美元是對沖資產，但是通膨率與負債率是相互掣肘的關係。通膨率上升，緊縮貨幣，利率上升，但政府負債率也增加；反過來，利率下降，政府償債壓力下降，但通膨率又會上升。當通貨膨脹和政府債務都到達崩塌的邊緣，貨幣政策往左往右都是深淵。

2021 年，美國通膨率將有所上升，但通膨率和負債率應該都沒有到這個臨界點。

先看地面上的傅利曼通膨風險。某國整體的薪資水準偏低，貨幣沒有透過薪資上漲傳遞到家庭收入。當前該國家庭的整體淨收入和社會保障水準不足以支撐消費價格大幅上漲。另外，過去大量的貨幣在房地產市場中打轉，家庭收入的大部分又投入房地產市場中。未來的貨幣流向與房地產的金融政策相關。

地面之下的壓力主要來自貨幣抵押物。美元和美債是該國貨幣的主要信用錨，不過，央行資產負債表顯示，過去幾年，美元資產大量縮減，對商業銀行的債權資產大幅增加。商業銀行的債務資產是否可靠？只能說，這部分資產沒有經過國際市場的充分定價。

所以，美國的地面壓力在通膨率，地下壓力在迅速擴張的政府債務；他國的地面壓力在房地產泡沫，地下壓力在未充分定價的本國貨幣資產。貨幣信用基石崩潰的風險，不僅僅是滯脹。

■ 參考文獻

[1]　布萊恩·多米特諾維奇，供給側革命 [M]，朱冠東，李煒嬌譯，2016。

[2]　保羅·沃克，克莉絲蒂娜·哈珀，堅定不移 [M]，徐忠譯，2019。

通膨，滯脹

統制貨幣

在全球大央行的干預大道下,貨幣調節強化,經濟週期弱化。

「一切交給聯準會。」市場參與者默不作聲,緊密追蹤這個龐然大物的動向。

然而,這是一個悲哀的資產盛世時代。大央行 —— 大財政主義反覆為資產價格兜底,卻也讓自身陷入了兩難。

貨幣之公共契約本質被丟至一旁,無人問津。

統制貨幣

全球經濟格局：大央行、大財政、大債務

反高利貸歷史悠久，東西皆同。

伊斯蘭教的《古蘭經》禁止有息借貸。基督教的《聖經》主張，兄弟間的借貸不應收取利息。西元1179年的第三次拉特蘭會議正式頒布教會法，規定放貸的天主教徒要被開除教籍。古巴比倫的《漢摩拉比法典》規定，穀物年利息不超過33.3%，白銀年利息不超過20%。

中國古代普遍默許有息貸款，但反對高利貸和利滾利。《漢書》記載，諸侯曾因放貸取息過高而受罰。明律規定：「凡私放錢債及典當財物每月取利並不得過三分。」

如今的法律不保護年利率超過4倍LPR的借貸利息。美國聯邦法律不反對高利貸，但一些州對利率上限有控制。

那麼，反高利貸是否有可靠的經濟學邏輯？利率限制的真實原因是什麼？稅收、貨幣及債券三大融資方式如何決定經濟命運？

01 高利貸

反高利貸，是否有可靠的經濟學依據？

這是一個風險頗高的話題。反高利貸，其實是限制利率。為了減少歷史傳統及意識形態的桎梏，我們用限制利率替代之。

需要說明的是，筆者不反對也不支持高利率，但反對真正的高利貸。經濟學的評價標準是「價值無涉」，對自由市場中的價格及行為不做任何評價，把價格漲跌交給市場，由每一個交易者決定。

當然，自由交易並不是放任自流。法律經濟學家波斯納在《法律的經濟分析》(*Economic Analysis of Law*) 中指出，契約法約束的是交易行為，但不能管控價格與供給。分析的目的是透過抽象邏輯辨識出真正的高利貸──這是我們真正需要反對的。

自由市場學說不支持利率限制，我們再看凱因斯學說。

凱因斯主義其實是支持利率干預的。當今頭號凱因斯主義者史迪格里茲（Joseph Stiglitz）的資訊不對稱和逆向選擇理論說明利率市場容易失靈，需要政府或央行干預。

比如，在經濟危機爆發時，商業銀行為了保險起見，緊縮銀根，停止放貸，而那些即將破產、不惜承擔高息的貸款者紛紛上門求貸；商業銀行無法辨識風險，即使利率上漲也拒絕貸款。這就違背了價格定律。史迪格里茲的解釋是，因為資訊不對稱，市場出現了逆向選擇和道德風險，產出和效率都大幅度下降，導致出現流動性陷阱。因此，需要央行介入，向可靠的企業提供貸款，矯正利率，讓市場恢復正常。

史迪格里茲的資訊不對稱理論頗具迷惑性，很多經濟學家都無法辨識其中的邏輯。其實，資訊不對稱是市場的常態，資訊競爭是自由競爭的一部分，信用辨識是商業銀行競爭的關鍵。經濟危機爆發時，市場資訊混亂，信用辨識困難，商業銀行緊縮銀根規避風險，這恰恰是市場顯靈了。但是，商業銀行不可能永遠緊閉大門，市場競爭會迫使銀行在風險中努力辨識信用，向預期可靠的對象提供貸款。自由競爭會讓市場恢復均衡，而不需要政府及央行干預。

經濟學不僅不支持利率限制，還認為利率限制會帶來效率損失，增加大眾融資成本，製造高利貸。

統制貨幣

英國古典政治經濟學家約翰·史都華·密爾（John Stuart Mill）在《政治經濟學原理》（*Principles of Political Economy*）〈關於以錯誤理論為基礎的政府干預〉一章特別討論了這個問題。密爾反對英國之前的《高利剝削法案》，他認為：「該法案使本來按照7%或者8%的利息率就可以獲得所需資金的商人，有時竟不得不支付20%或者30%的利息，否則，他們就必須拍賣他們的貨物從而蒙受更大的損失。」

為什麼？

根據供需定律，當利率上升，市場供給會增加，價格逐漸下降。如果禁止利率上漲，或維持低利率，借貸供給因無利可圖、風險龐大，將大大減少。而供給減少會導致供需緊張，利率反而上漲。

受制於利率高壓，放貸者繞個彎，變相放貸，方式包括追加抵押物、繳納保證金、提高手續費、降低借貸金額、追加逾期罰款、擴大分紅比例等。

這些方式最終讓貸款者付出更高的成本，一些急於用錢的人甚至由於貸不到款而破產。比如，放款人變身為合夥人，以資金及利息入股，擴大了分紅比例，這對貸款人不利。又如，銀行要求追加抵押物才肯放貸，抑或收取額外費用。再如，貸款無門的人透過特別途徑貸款，被收取高額的手續費。

這些方式抬高了借貸成本，製造了所謂的高利貸。所以，高利貸的真正含義應該是不必要的「代價」。但是，我們需要反思：到底是自由競爭催生了高利貸，還是反高利貸催生了高利貸？

相反，放開價格管制，更多貸款人可以獲得更廉價的資金。德國經濟學家馬克斯·韋伯（Max Weber）及法國經濟學家西斯蒙第（Jean de Sismondi）都認為，摒棄對利息的教義束縛，活絡大眾借貸市場，是新教國

家經濟強於天主教國家的重要原因。韋伯在《新教倫理與資本主義精神》（*Die protestantische Ethik und der Geist des Kapitalismus*）中指出，新教改革為利息做出了辯護：「得到商業利潤是應該的，利息只是借貸雙方共用這些利潤的合法形式。」那麼，為什麼古代教宗、國王都傾向於壓低利率？

英國學者倫特（Lunt）在其經典的《西元1327年前英國與教宗的金融關係》（*Financial Relations of the Papacy with England to 1327*）中似乎道出了真因：英國主教不喜歡當地的義大利銀行家，因為向他們借錢要收利息。

歐洲國王的徵稅權偏弱，他們不得不依賴借貸維持王室開銷以及支援不多的城邦戰爭。當時，如何降低融資成本，事關權力的歸屬及統治者的命運。古代歐洲對高利貸的打擊更加嚴厲，目的是壓低融資成本。

教宗、國王打擊高利貸的背後站著的是一群特許經營的放貸者。

比如歐洲最早的名門望族麥地奇家族（Medici）。我們知道，這個家族靠銀行起家，創始人喬凡尼·迪比奇·德·麥地奇（Giovanni de' Medici）「合法」放貸，成為佛羅倫斯的首富。但是，銀行家只是麥地奇家族的一個身分，他們其實是14—17世紀佛羅倫斯的實際統治者。15世紀，老麥地奇的兒子科西莫（Cosimo de' Medici）在佛羅倫斯建立起僭主政治，成為佛羅倫斯的無冕之主。科西莫透過麥地奇銀行掌管教宗財政，負責為教會融資。這個家族一共誕生了四位教宗以及兩位法國王后。

所以，教宗、國王以「天下蒼生」之名打擊高利貸的背後是對融資成本的盤算。筆者將這種融資模式界定為麥地奇模式。

麥地奇銀行製造了「低利貸」，國王、富人等少部分從中獲得低於自然利率的廉價融資；同時，它也製造了高利貸，更多的人因此無法獲得貸

> 統制貨幣

款，或需要付出更大的代價 —— 以那些繞個彎的方式 —— 有時這裡也隱藏著「默許」經營的高利貸。

所以，限制利率是債務融資的一種廉價手法。密爾揭示了這一點：「立法者制定並且維護《高利剝削法案》可能出於以下動機：或者考慮到公共政策方面的問題，或者考慮到相關當事人的利益問題。」

02 收割機

《史記》記載，漢景帝三年，「七國之亂」爆發，受命平叛的列侯封君缺軍費，不得不向商人借錢。但商人以關東成敗未決為由，皆不肯放貸。這時，一位叫無鹽氏的商人願意出千金借貸，但要求十倍利息。三個月後，叛亂平定，無鹽氏豪賭成功，成為關中鉅富。

此後，中國歷代皇帝都沒吃過高利貸的「虧」。皇帝憑藉文治武功，掌控徵稅權和鑄幣權，從而財源滾滾、王庫充盈，根本不需要商人為其提供融資。

融資方式是透視經濟問題的重要脈絡，我們沿著這個思路繼續探討。上一部分引出了債券融資，到這裡擴大到三大融資方式：稅收、貨幣及債券。不管是東方還是西方，古代國王都透過這三大收割機強化統治權。而如何使用這三項工具，決定了這個國家的命運。

在農耕時代，華夏土地富庶，農業產值較高，中國皇帝傾向於掌控徵稅權。稅收可維持一支常規職業軍隊以及文官體系，從而穩定王權。歐洲國王的徵稅權受制於大小領主，國王融資依賴貴族、商人、銀行及債券市場。在混亂的義大利戰爭中，各大領主不得不向小領主、城鎮商人舉債，從而催生了共同債券市場。

古代貨幣多數為金屬貨幣，貨幣擴張受到硬約束。同時，農耕經濟多為非貨幣經濟，繳納稅收以糧計算，擴張貨幣的效果受限。

所以，國王使用鑄幣權融資的成本、風險要大於徵稅權。

日本東京大學教授黑田明伸在《貨幣制度的世界史》中揭示，古代歐洲的統治者要比中國更頻繁地削減金銀含量以獲取鑄幣稅。

原因是王室權威是中國帝王大一統的統治根基，維持統一貨幣及幣值比濫發貨幣更有利。歐洲貨幣則混亂不堪，劣幣驅逐良幣，國王及領主傾向於濫發貨幣為頻繁的戰爭融資。

到了16世紀，義大利戰爭爆發，歐洲幾乎所有的大城邦、大領主、大公國都捲入其中。不同的融資手段，決定了這些城邦國家的命運。

美國經濟學家道格拉斯・諾斯（Douglass North）在《西方世界的興起》（The Rise of the Western World）中從財政制度的角度透視城邦國家在這一關鍵時刻的演進。

西班牙鼎盛一時，王室財力強大，財源來自國際貿易的出口創匯及新大陸殖民地的稅收。為了擴大出口創匯，國王賦予羊主團特權，允許他們的羊隨意去吃農民的莊稼。財政赤字爆發後，王室多次借錢不還，導致福格家族（Fugger）滅亡，王室信用崩盤。西班牙王室沒有建立一套有效的產權保護制度，採取的是重商主義政策及掠奪性制度。需要注意的是，西班牙的出口創匯政策，是一種濫發貨幣的融資手段，筆者稱之為「西班牙模式」。最終，這個國家在「價格革命」中迅速衰落。

法國與西班牙類似，王室的徵稅權大，只是法王的稅源更像東方國家，來自富庶的農業。早在15世紀，法王就奪取了三級會議的新稅徵收權。法王直接向農民徵稅，向商人借錢，借錢又不還，粗暴侵占私產，最終引

統制貨幣

爆了法國大革命。

荷蘭、英國則不同，王室或執政官徵稅權受限，他們只能改革制度，頒布《高利剝削法案》等，發展自由貿易，做大稅基，增加稅收；發展資本市場，降低融資成本。

比如，西元1537年荷蘭發表法律承認票據轉讓有效。在此基礎上，還催生了現代銀行。到了17世紀，荷蘭擺脫了西班牙的統治，放開利率管制，從而形成了一個低利率的資本市場。利率水準從西元1500年的20%～30%降低到西元1550年的9%～12%，到了17世紀甚至下降到3%以下。荷蘭締造了世界上第一個現代金融市場。

所以，真正要做的不是限制利率，而是改善信用體系，嚴格監管銀行信貸，做大金融市場，從而獲得更多有效率的融資。

最後看美國。美國獨立初期，因戰爭債臺高築，聯邦政府幾近破產，要命的是徵稅權還被各州剝奪。第一任財長漢彌爾頓（Alexander Hamilton）為了挽救聯邦信用，接過了各州的戰爭債務，換取了部分徵稅權。當聯邦對威士忌酒徵收消費稅時，西部邊境地區農民以暴亂抗稅。漢彌爾頓不得不繼續發行國債，借新還舊。但寅吃卯糧，聯邦信用遲早要崩潰。這該怎麼辦？

此前的西元1785年和1787年，國會通過兩部土地法令，規定新增的土地歸屬聯邦政府，出售公共土地所得只能用於償還債務。

於是，聯邦政府開啟土地「征伐」。美國以大約每英畝[11]3美分的價格從法國手上買下路易斯安那，然後以1.64～2美元不等的價格出售。同時，美國從西班牙手上奪得佛羅里達，強迫英國簽約，將領土控制延伸至

---

[11] 英畝，英美制面積單位，1英畝＝4,046.86平方公尺。

大西洋沿岸；在美墨戰爭後購買了墨西哥95萬平方英里[12]的土地，將國界線延伸至太平洋東岸，控制了加州金礦。

到了西元1837年，聯邦政府在土地財政的幫助下，終於還清了所有的債務，而且國庫中還有大量的盈餘。土地出售收入占聯邦政府收入比重最高年分達到48%。美國的版圖延伸到了太平洋東岸。到西元1853年，美國國土面積達303萬平方英里，比宣布獨立時增加了7倍多。

源源不斷的土地財政支撐了國債信用，最終挽救了聯邦政府，擴大了美國的版圖。美國金融也因此被注入了債券的歷史基因，筆者稱之為「土地財政模式」。

但是，土地財政引發了西元1837年金融大恐慌。這場恐慌迫使美國拋棄了土地財政模式，國會收回了賣地收入分配權。南北戰爭期間，美國實現了土地私有化，破除了土地財政的根基。戰爭後，美國工業持續成長，工業的稅收增量替代土地收入支撐了國債信用。

所以，政府的融資制度決定了國家的前途。

什麼樣的融資制度才是有效率的？

諾斯概括為「有效率的經濟組織（制度）能夠使個人的經濟努力的私人收益率接近社會收益率」。可以解釋為，創造增量的融資制度，與社會發展同頻共振；吃壟斷租金的融資制度，與社會發展背道而馳。

稅收、貨幣、債券三大融資方式，可創造增量，也可創造壟斷租金。

徵稅權具有壟斷性質，關鍵問題是誰掌控這項權力。國王一旦掌控徵稅權，王的利益與國家前途必然相背而行。這類君主最大的仁慈就是「放水養魚」。

---

[12] 英里，英制長度單位，1平方英里 ≈ 2,589,998.11平方公尺。

統制貨幣

鑄幣稅就是貨幣租金，即透過通膨掠奪民眾財富。在農耕時代，國王掌控著鑄幣權，透過削減金屬含量、以次充好的方式收取鑄幣稅。

教宗、國王打擊高利貸，使用債市壟斷權（特許經營）壓低融資成本。他們吃的正是債券的壟斷租金。

進入現代社會，這三大租金增加了，還是減少了？

03 大公地

現代國家的徵稅權被關進了籠子裡，解決稅收租金問題。執政者的努力與勞苦大眾首次匯合，形成一股強大的時代洪流。英國有小政府的基礎，托利黨人信奉亞當斯密學說，廢除《穀物法》、《航海條例》，開啟了工業化及全球化時代。

但是，徵稅之手被捆住後，執政者開始轉向使用鑄幣稅。

這需要從央行的起源說起。工業時代早期，各國均沒有中央銀行，沒有法定貨幣。那麼，是誰供應貨幣？

當時的貨幣，主要是銀行券。客戶將金銀寄存到私人銀行，私人銀行給對方相應數額的銀行券。客戶可以與願意接收這種銀行券的對象進行交易。所以，客戶銀行券是金本位貨幣，相當於金銀的證券化憑證。

工業時代早期，貨幣是由大小私人銀行發行的各類銀行券。比如英格蘭銀行，最初就是一家由蘇格蘭人威廉・佩特森（William Paterson）於西元 1694 年成立的私人銀行。這家私人銀行擁有發幣權，發行了自己的銀行券，而具備同樣資格的私人銀行在當時有好幾百家。

不過，英國政府特許成立這家私人銀行的目的，主要是為其籌措戰爭

經費。150 年後，即西元 1844 年，英國首相皮爾（Robert Peel）推行了《皮爾條例》，英格蘭銀行從此走上央行之路。

《皮爾條例》的推行是貨幣史上的一個代表性事件。這個條例規定，不再增加私人發幣銀行，現存銀行的貨幣發行額度受到限制。當時，英格蘭一共有 279 家擁有發幣權的私人銀行，若銀行倒閉則發行額度自然失效，其額度轉移到英格蘭銀行。

這是貨幣國家化的關鍵一步。英國政府確認了英格蘭銀行的央行職能，即負責發幣、管理國債、保管黃金外匯等；同時，也確認了英格蘭銀行券的法償性，催生了現代法定貨幣。

當然，這時的英格蘭銀行還是一家私人銀行。即使壟斷了發行權，英格蘭銀行也不能為所欲為，它必須嚴格恪守金本位的發行紀律：

一是必須以黃金、英鎊證券為抵押發行貨幣。《皮爾條例》規定：英格蘭發行部可以用持有的 1,400 萬英鎊證券以及貴金屬作為發行準備，發行等額銀行券。

二是剛性兌付。《皮爾條例》規定：任何人都可以按 3 英鎊 17 先令 9 便士兌換 1 盎司[13] 黃金的比價向發行部兌換黃金。

即使如此，被限制的私人銀行也不滿，英國哲學家赫伯特・史賓賽（Herbert Spencer）對英格蘭的貨幣壟斷提出質疑。為了平衡利益，英國政府向私人銀行許諾，若私人銀行遭遇擠兌危機，英格蘭銀行會為它們提供緊急貸款。

英國經濟學家華特・白芝浩是《皮爾條例》的支持者，他在《倫巴底街》中將這一許諾概括為「最後貸款人」原則：「在金融危機時，銀行應當

---

[13] 盎司：此處指重量單位，1 盎司＝ 28.350 克。

> 統制貨幣

慷慨放貸,但只放給經營穩健、擁有優質抵押品的公司,而且要以足夠高的、能嚇走非急用錢者的利率來放貸。」

至此,「金本位發行紀律＋最後貸款人原則」成為全球各國央行的標準版本。

美國一直排斥大央行,央行兩立兩廢。自第二銀行被迫關閉後,美國聯邦及州立銀行遍地開花,銀行券繁多,魚龍混雜。結果出現了五次嚴重的銀行擠兌危機。1907年的危機直接導致了聯準會的誕生。

美國參議員、老摩根（J. P. Morgan）的朋友尼爾森・奧爾德里奇（Nelson W. Aldrich）起草了一份組建中央銀行的提案,目的是在危機時刻拯救商業銀行。1913年,國會通過了《聯邦儲備法案》,聯準會宣告成立。聯準會內部利益交錯,相互制衡。從股權上看是私人機構,遵行「最後貸款人」原則;從決策權上看是公共機構,遵行金本位發行紀律。

金本位的發行紀律確實制約了央行為所欲為,但是當時的人們忽略了一點:鑄幣權正在推動政府、央行、商業銀行「三江匯流」。

這三股力量試圖打破硬約束,製造一個強大、穩定的「基本盤」:

央行為商業銀行墊底,商業銀行為政府融資,政府為央行提供信用保障。

聯準會成立的第二年,「一戰」爆發,英法將黃金標準託付給聯準會。後者小試牛刀,迫使黃金貶值,引發了第一次黃金信任危機。接著就是大蕭條,小羅斯福（Franklin D. Roosevelt）總統直接宣布美元與黃金脫鉤。再後來是「二戰」,金本位的發行紀律被戰爭打得體無完膚。

「二戰」後,民族主義、國家主義崛起,邱吉爾（Winston Churchill）連任失利,艾德禮（Clement Attlee）工黨政府上臺。工黨是英國左派政黨,以費邊主義為執政綱領。費邊主義主張以民主選舉奪取政權,進而掌控煤

電、水利、鐵路等所有權；對富人徵收高額稅收，向工人、農民及低收入家庭發放大福利。這種融資方式叫「費邊模式」。

所以，工黨政府一上臺就把英格蘭銀行收歸國有，英格蘭銀行徹底成為「發行的銀行、銀行的銀行、政府的銀行」。手握鑄幣權的工黨政府，在1948年宣布將英國建成福利國家。

如此，政府、央行、商業銀行，加上福利主義者，四股勢力正式匯流。剩下唯一的障礙就是金本位的發行紀律。

1971年，布列敦森林制度崩潰，信用貨幣時代降臨，機會來了。

只是這個機會還是晚了20多年到來。為什麼？70年代歐美經濟滯脹，保守主義崛起，美國雷根、英國柴契爾夫人（Margaret Thatcher）上臺，聯準會主席保羅‧沃克捍衛了鑄幣權的獨立性。

但是，好景不長。信用貨幣時代的鑄幣稅，一直被這四股勢力惦記著。1987年，艾倫‧葛林斯潘接替沃克執掌聯準會，機會真的來了。老布希（George H. W. Bush）連任失敗後，民主黨的柯林頓（Bill Clinton）上臺，引進了第五股勢力——投資銀行。浮動匯率刺激投資銀行迅速崛起，大量資金流向證券、債券、信託及衍生品市場，江河日下的商業銀行渴望分得一杯羹。根據《聯邦儲備法》第13條第3款，不只是投資銀行，「任何個人、合夥企業或機構發放貸款」，都受「最後貸款人」原則的保護。

如此，政府、央行、商業銀行、投資銀行及福利主義者「五江匯流」，不放水都難。1999年，柯林頓和葛林斯潘推動發表了《金融服務現代化法案》，美國正式進入金融混業時代。該法案通過，意味著投資銀行正式入局，與商業銀行一道享受「大到不能倒」的待遇。

到這裡，我們發現如今的融資制度已經催生了一個龐大的「基本

盤」——稅收、貨幣、債券相互關聯的「大公地」。

在 2008 年金融危機之前，美國國債主要是以稅收為支撐，奉行週期性平衡財政。但是，危機過後，「國庫通銀庫，銀庫又通錢庫」，大財政、大央行、大債務攜手登場。

這是一種高度系統化的壟斷租金制度。美元與美債相互墊底，聯邦政府與聯準會互相融資。聯準會直接購買國債為聯邦政府融資，聯邦政府為聯準會發行美元提供國債抵押。央行持續壓低利率，讓政府及金融機構吃債券租金、貨幣租金。現代貨幣理論支持者徹底「攤牌了」，他們認為，只要利率、物價頂得住，就可以無限發幣為政府融資，而稅收是啟動貨幣的工具。

這種由稅收、貨幣與債券構成的「大財政 —— 大央行 —— 大債務」租金盤，猶如一艘公共化的諾亞方舟，餵養了一大批吃租者。央行及法定貨幣制度、「最後貸款人」原則、公開市場操作、債券抵押物、福利政策等將他們的利益高度捆綁。

這就是當今世界的金融格局（租金模式）。現在人們討論金融分業好還是混業好。筆者認為，這艘船小的時候是分業，加入的人越來越多就變成了混業。這艘船越大，看似越穩定，其實越危險。

當然，這個世界並不只有這一種融資制度。畢竟其他國家的貨幣不是「世界貨幣」，貨幣擴張受國際市場的約束。但是，一些國家採取了自己特殊的融資制度。在非開放經濟體中，存在麥地奇模式、西班牙模式與土地財政模式，還有費邊模式。

參考文獻

[1] 理查・波斯納，法律的經濟分析 [M]，蔣兆康譯，2012。

[2] 約瑟夫・史迪格里茲，資訊經濟學 [M]，2009。

[3] 約翰・史都華・密爾，政治經濟學原理 [M]，金鏑，金熠譯，2009。

[4] 馬克斯・韋伯，新教倫理與資本主義精神 [M]，康樂，簡惠美譯，2019。

[5] 威廉・N・戈茲曼，價值起源 [M]，王宇，王文玉譯，2010。

[6] 黑田明伸，貨幣制度的世界史 [M]，何平譯，2007。

[7] 道格拉斯・諾斯，西方世界的興起 [M]，厲以平，蔡磊譯，2009。

[8] 丹・科納漢，英格蘭銀行 [M]，王立鵬譯，2015。

[9] 華特・白芝浩，倫巴底街 [M]，劉璐，韓浩譯，2017。

全球經濟通往貨幣計畫之路

2020 年 9 月 23 日，在眾議院聽證會上，有議員質疑聯準會主席鮑爾：聯準會的救市行動是在拯救華爾街，還是普羅大眾？

鮑爾解釋說，「我們的行動絕不是旨在減輕華爾街的痛苦」，「我們基本上已經做了所有我們能想到的事情」。鮑爾還指出，大眾貸款計畫起步緩慢，中小企業很少採用。

這或許是當今世界經濟大割裂的一個縮影：「實體經濟通縮，資本市場通膨。」美國拯救股市，他國穩住房市，而兩國實體經濟及消費皆不振。

統制貨幣

全球經濟正在走向央行計畫之路。本節將透過分析貨幣理論及銀行體系探索經濟割裂的原因及解決方案。

01 重複救市風險　金融與實體經濟之割裂

「實體經濟通縮，資本市場通膨」的論斷，可以用消費和房地產價格兩個指標來證明。

消費增速下滑代表實體經濟通縮。

某國社會消費品當月實際零售總額比起去年同期增速從2015年初的11％持續下滑到2019年底的4.5％，2020年的情況更加糟糕，消費級別不升反降。

某購物網站活躍買家數連續五季增速在40％左右。2019年末活躍買家為5.85億人，到了2020年第二季末漲到6.83億人，增加了接近1億人。[14]

房地產價格代表資本市場通膨。

根據某國房地產指數系統的調查數據，2020年8月，百城新建住宅平均價格為15,605元／平方公尺，環比上漲0.50％，百城中有89個上漲；比起去年同期上漲3.34％，百城中有78個上漲。

2020年的房價不降反漲，延續了過去多年的態勢。

如何解釋這種截然相反的現象？

這種現象屬於「坎蒂隆效應」。愛爾蘭經濟學家、金融家坎蒂隆最早在《商業性質概論》中指出，貨幣介入的方式不同，以及不同的人持有貨幣，對價格以及經濟成長的影響是不同的。

---

[14] 李奇霖：〈分級的消費〉。

在如今的總體經濟中,關鍵看「多餘」的貨幣流向哪裡。

2020 年 8 月末,廣義貨幣(M2)餘額 213.68 兆元,比起去年同期成長 10.4%;狹義貨幣(M1)餘額 60.13 兆元,比起去年同期成長 8%。增速預計均高於同期 GDP 增速。

8 月人民幣貸款增加 1.28 兆元,比起去年同期多增 694 億元。其中,住戶部門貸款增加 8,415 億元,占 65.74%;住戶中長期貸款增加 5,571 億元。這說明新增信貸的大頭在住戶部門,而住戶部門的貸款多用於中長期的住房貸款。

再看存款資料。8 月存款增加 1.94 兆元,比起去年同期多增 1,317 億元。存款新增超貸款新增 6,600 億元。這說明很多貸款並未真正流入市場,而是返存入銀行系統。但是,住戶存款新增只有 3,973 億元。這說明住戶部門的貸款一半以上都流入了市場,其中多數流入了房地產市場。

有些人想當然地認為,「多餘」的貨幣,如果能流入實體經濟,尤其是技術研發中,比如補貼新能源汽車、晶片企業,可以解決「卡脖子」的問題。這種觀點,筆者稱之為「技術凱因斯主義」。但是,貨幣流向的現實告訴我們,「技術凱因斯主義」是理想主義。

為什麼?

一是消費不振,實體通縮,投資收益率持續下降,再繼續投資實體會引發產能過剩,增加投資風險,資本自然不會流向實體。

二是技術創新週期存在 S 形曲線規律,核心技術研發初期的投入龐大,收效甚微,不確定性高,資本自然不會「以身犯險」投資核心技術。

三是在經濟衰退週期,資本趨吉避凶,偏好週期短、流動性好的投資,比如股票、房地產,因此股市、房市成了「多餘」貨幣的熱土。

統制貨幣

　　貨幣當局可以讓貨幣流向壞的地方，但是無法支配其流向好的地方。因為個體資本對利潤的敏感、對風險的辨識，要高於貨幣當局。最重要的是，「多餘」的貨幣本身就是問題。

　　如果不存在「多餘」的貨幣，資本會根據邊際利潤及風險的變化，在資本市場與實體經濟中平滑流動。這是由投資的無差異曲線決定的。通常，資本市場與實體經濟之間的邊際收益率及風險程度，此消彼長，動態平衡。比如，當房價、股價下跌，資本會紛紛逃離，轉戰有投資潛力的實體領域，資本市場出清。

　　根據熊彼得（Joseph Schumpeter）創新週期，如果沒有「多餘」的貨幣，企業家無泡沫可逐，機會主義動機會降低，被迫在蕭條時期加大技術投入以尋求突破。

　　但是，「多餘」的貨幣破壞了這一流動規律。貨幣當局救市，多餘貨幣強行注入房地產和金融市場，阻止了資本市場出清，資本又重返「案發現場」。多次救市會改變市場預期，資本在危機時期等待援軍，像美股一樣V形反彈，收復失地。同時，吸引更多實體資本闖入金融市場，從而加劇實體通縮，阻礙技術創新。正如大疫之年熱錢競逐豪宅，爭搶新成屋。再如，從2010年到2019年，美國企業回購股票的規模達到6兆美元。

　　這相當於獎勵了做出錯誤決策的投資者、投機者及金融界，懲罰了原本做出正確決策的企業家、創新者及實業界。

　　更要命的是，「多餘」的貨幣還破壞了正常的財富分配，進一步扭曲了自由市場。貨幣增發相當於掠奪窮人的財富。坎蒂隆最早洞察到這一點，他在《商業性質概論》中指出，最先拿到貨幣的人推高了價格，對不持有貨幣的人構成財富掠奪。凱因斯在其早期的《貨幣論》（*A Treatise on*

Money）中也指出，通膨會引起財富重新分配，而使一些階級得益，另一些階級受損。

傅利曼對通膨的理解是準確的，通膨是一種貨幣現象。更多的貨幣追逐更少的資產便是通膨，反之則通縮。持續向資本市場注入「多餘」的貨幣，會擾亂市場預期，打擊技術創新，擴大貧富差距，最終割裂自由市場：資本市場泡沫愈演愈烈，實體經濟通縮惡性循環。

通膨是虎，增發貨幣導致騎虎難下。如果不救市，房地產、金融市場出清時擠出的大量資本湧入實體，容易引發通貨膨脹；如果持續救市，「多餘」的貨幣繼續放大資本市場風險，債務風險越來越大。

如今的世界經濟，正在通往央行的計畫之路。

02 重返「案發現場」 哈耶克與凱因斯之爭論

可以看出，問題的關鍵在「多餘」的貨幣。可是，如何判斷貨幣是多還是少？

根據費雪方程式，假設貨幣流速和商品的交易數量是長期穩定的，那麼貨幣數量決定了商品的價格。傅利曼繼承了這一主張，提出透過控制貨幣數量來控制通膨。問題是，在投資銀行時代，貨幣流速並不是穩定的，貨幣數量也就很難確定。孟岱爾在芝加哥大學時向傅利曼提出過這個問題。孟岱爾主張用價格工具即利率來解決問題。

實際上，沒有人能夠明確知道自由市場中需要的貨幣數量。傅利曼這一思維本質上也是計畫思維。自由市場需要多少貨幣，只有自由市場本身才知道，也就是只有商業銀行才知道。商業銀行如何確定貨幣供應量？

答案是利率。

最早揭曉這一答案的是瑞典經濟學家努特·維克塞爾（Knut Wicksell）。維克塞爾在西元 1898 年出版的《利息與價格》（*Interest and Prices*）一書中區分了貨幣利率和自然利率。貨幣利率是指市場利率，自然利率是總需求等於總供給時的利率。根據維克塞爾的理論，當貨幣利率等於自然利率時，銀行供應的貨幣數量是最優的。這樣，貨幣數量的問題就解決了。

這一理論是凱因斯總體經濟理論和哈耶克商業週期理論的源頭。但是，二者的主張卻截然相反。哈耶克與凱因斯當年的論戰，也是從維克塞爾的理論開始的。

我們回到「案發現場」，看能否找到一些答案。

米塞斯在 1912 年寫過一本書叫《貨幣與信用理論》（*The Theory of Money and Credit*），用利率波動解釋商業週期。後來，米塞斯建立了商業週期研究所，並由哈耶克來領導。哈耶克走馬上任後，受倫敦經濟學院的羅賓斯（Lionel Robbins）邀請，赴英國與聲望正隆的凱因斯論戰。

1928 年，倫敦經濟學院與劍橋大學在倫敦舉辦了一場會議，哈耶克與凱因斯「狹路相逢」。經濟學歷史上影響深遠的拉鋸論戰開始了。哈耶克回憶說：「我們兩人之間的第一次理論衝突的主題是利率變化的有效性。」

為什麼聚焦於利率？

1924 年，是凱因斯學術思想轉變的關鍵一年。他在牛津大學發表了〈自由放任的終結〉的演講，與他的老師馬歇爾及傳統經濟學徹底決裂。凱因斯認為，英格蘭央行過高的利率導致了英國經濟蕭條，呼籲降低利率，發行政府債券，拿出 1 億英鎊用於公共住房、興建道路、改善電路。

這一年也是哈耶克學術思想快速轉變的一年。他獲得一筆資助資金赴美國考察。與英國的蕭條相比，美國經濟可謂相當繁榮。不過，哈耶克並不看好美國經濟的這種繁榮。他認為，美國經濟的繁榮是由寬鬆信貸創造的，是不可持續的。

哈耶克和凱因斯都將問題聚焦到了利率上。二人的結論相反，但理論源頭是一樣的。

維克塞爾曾經聽過門格爾（Carl Menger）的課，與奧地利經濟學派淵源頗深。

哈耶克對維克塞爾的理論爛熟於胸，他藉助維克塞爾的利率理論來解釋商業週期。

在與凱因斯論戰期間，他寫了一本書──《價格與生產》（Prices and Production），指出自然利率和貨幣利率的差額造成了商業週期。當貨幣利率等於自然利率時，市場處於均衡狀態；當貨幣利率小於自然利率時，投資大於儲蓄，經濟出現通膨；當貨幣利率大於自然利率時，投資小於儲蓄，經濟出現通縮。問題是央行沒有辦法讓貨幣利率與自然利率保持在同一水準。因此，哈耶克的結論是，央行對利率的干預是經濟蕭條的根源。

但是，凱因斯認為「事在人為」。當投資與儲蓄不均衡時，央行可以透過調節利率使自然利率與貨幣利率保持一致。凱因斯認為，「一戰」後的英鎊已無法維持戰前水準。英格蘭央行應該下調利率，讓英鎊對美元貶值，如果匯率下降到 1 英鎊兌換 3.6 美元的水準，英國的失業率就能下降到 6%～7%。

凱因斯對政府能力的信任，可能相當程度上來源於他在英國財政部的工作經歷。「一戰」期間，他作為財政部代表前往美國商談戰爭貸款。凱

統制貨幣

因斯看到了政府在戰爭時的掌控力和決定性作用。

這時的凱因斯尚未發表《就業、利息和貨幣的一般理論》(*The General Theory of Employment, Interest, and Money*)（以下簡稱《通論》），他的理論體系不如哈耶克完善。哈耶克的商業週期理論很明確地指出，如果沒有央行干預，商業銀行會保持貨幣利率與自然利率一致，從而避免經濟危機。因為自由市場的聲譽機制會起作用，銀行為了保護自己的聲譽資產會努力降低風險，避免信用過度擴張，從而抑制貨幣濫發。

再看如今的世界經濟，當我們把問題聚焦到利率上，答案自然浮現。從1983年開始，聯準會的聯邦基金利率持續下降，如今降到零附近。聯邦基金利率是美國銀行同業拆借市場的利率。聯準會透過調整聯邦基金利率，改變美國銀行間的同業拆借成本，從而間接控制市場利率水準。日本央行、歐洲央行最近幾十年的利率走勢與聯準會類似。從中明顯可以看出，貨幣當局控制下的市場利率已與自然利率背離，從而導致經濟低迷。

如何可以看得出背離？

2008年金融危機時和2020年股災時，聯準會都跳過了商業銀行直接採用公開市場操作的手段向金融市場注資。為什麼？因為商業銀行在危機來臨時都緊縮銀根。換言之，即使聯準會將利率降到零，商業銀行依然「寧死不屈」。這是自由市場在顯靈，聯準會只能親自動手。

人們沒有想到的是，好不容易將政府的徵稅權關進了籠子，又冒出了一隻掌控鑄幣權的「猛虎」。從1970年代開始，這隻「猛虎」不斷突破貨幣發行紀律，成為信用貨幣時代的「利維坦」。

1977年，哈耶克在接受《理性》(*Reason*) 雜誌採訪時說：「傅利曼的貨幣主義與凱因斯主義的共同點，要多於我與他們兩派的共同點。」

03 重塑銀行體系　央行與商業銀行之分權

奧地利學派最早意識到是商業銀行衍生貨幣，並引發了經濟波動。當今世界多數貨幣都是由商業銀行衍生的，而不是央行直接發行的（理解問題的入口）。

米塞斯、哈耶克的商業週期理論更為根本地掌握了經濟危機的根源問題。米塞斯主張金本位和百分之百的準備金。哈耶克反對中央銀行，主張自由銀行制度，讓貨幣供應與利率由自由市場支配。

他晚年在《貨幣非國家化》(Denationalisation of Money) 中提出貨幣發行機構私有化、市場化。

但是，他們的觀點與歷史並不相符。

自從第二銀行被迫關閉後，美國經歷了長達 70 多年的銀行「裸奔時代」。結果，放任自流的金融市場出現了五次嚴重的銀行擠兌危機。在西元 1893 年銀行危機中，美國超過 500 家銀行倒閉。1907 年危機再次爆發，當時紐約第三大信託投資公司可尼克波克破產，金融界人人自危，銀行間關閉了拆借通道，引發了擠兌危機。

在危機時刻，老摩根力挽狂瀾，召集了華爾街大老，向市場注入重金，穩住了局勢。這次危機直接導致了聯準會的誕生，讓人們看到了人為救市的可能性。危機過後，美國參議員、老摩根的朋友尼爾森‧奧爾德里奇起草了一份提案，希望組建一個中央銀行，在緊急時刻向銀行提供貸款，以穩定金融市場。1913 年，國會通過了《聯邦儲備法案》，聯準會宣告成立。此後，美國銀行頻頻破產的局面大有改觀。

問題來了，中央銀行到底是誘發了危機，還是穩定了金融市場？

統制貨幣

可以看出，聯準會組建的初衷是拯救私人銀行，這一做法是在效仿英格蘭銀行。《經濟學人》(The Economist) 傳奇總編白芝浩最早在《倫巴底街》一書中提出，金融危機時，銀行應向經營穩健、擁有優質抵押品的公司，以足夠高的利率發放緊急貸款。這就是「最後貸款人」原則，也被稱為「白芝浩原則」。

如今，世界各主要國家央行都實行「最後貸款人」原則。2008年柏南奇領導聯準會救市時，也搬出這一原則為自己「脫罪」。

但是，「最後貸款人」原則可能會引發道德風險，鼓勵被墊底的私人銀行大膽冒險，最後形成大到不能倒之勢。最近，在國會上，有議員質問聯準會主席鮑爾：聯準會到底是在拯救華爾街還是普羅大眾？

到底要不要央行？央行該如何改革？

只有重塑貨幣理論，才能重構貨幣體系。

在米塞斯所主張的金本位制度下，貨幣擴張能力受限，貨幣作為權力中央的危害性沒有那麼大。但是，在信用貨幣時代，貨幣當局完全替代甚至超越了政府的干預之手。

哈耶克的做法是徹底地「放虎歸山」，廢除央行，讓私人銀行發行貨幣。但是，貨幣具有明顯的網路效應（外部性），自由競爭的結果是呈現一家獨大的壟斷局面。正如在全球貨幣市場上各國法定貨幣自由競爭，但因外部性，美元獨領風騷。最重要的是，美國自由金融時代證明，如果缺少央行監管，私人銀行競相角逐容易引發金融危機。

要不要央行的根本問題是，貨幣是公共用品還是私人用品。

貨幣作為自由市場的共同契約，具有一定的公共用品特點，因此需要央行；但是如果央行的鑄幣權淪為公共用品，就很容易引發「公地悲劇」，

人人「搭便車」。

所以，貨幣不能是徹底的公共用品，也不能是徹底的私人用品。央行不能徹底廢除，也不能集大權於一身。

要解決非此即彼的問題，需要引入新制度經濟學的理論。新制度經濟學的核心理論是交易費用，寇斯（Coase）發現了交易費用，而奧立佛·威廉森是該理論的集大成者。

威廉森在 1970 年代撰寫了《交易成本經濟學》（*The Transaction Cost Economics Project*）一書。

他具體地將「交易費用」比喻為物理學中的摩擦力。這個摩擦力是怎麼來的？他認為源於人類兩大天性：一是有限理性；二是機會主義行為傾向。

人的有限理性是指人的知識、預見能力等是有限的。機會主義行為傾向是指交易者有可能背信棄義、實施合約詐欺、逃避責任、尋租、鑽漏洞、敲竹槓等，並從中牟取最大利益。

基於這兩大天性，人們需要確立合約與制度。合約履行、制度監督則產生了交易費用。

回到央行這個問題，貨幣的發行、流通，需要規則，即貨幣制度；需要監管，即央行或貨幣管理部門。

美國在自由金融時代過度相信自由市場的聲譽機制和懲罰機制，忽略了交易費用，導致機會主義行為瘋狂，盲目投機主義氾濫，誘發多次銀行倒閉潮。

因為交易費用的存在，自由市場的聲譽機制和懲罰機制無法達成帕雷托效率。只有建立有效的制度，促使私人邊際成本等於社會邊際成本，自

統制貨幣

由市場才能達到最優效率。

因此,央行存在是有必要的,其基本職責是確定貨幣制度和監管貨幣發行。貨幣制度是公共用品,央行是公共機構。

但是,鑄幣權應該交給央行還是自由市場(商業銀行)?

我們繼續看威廉森的理論。威廉森認為,除了以上兩個人為因素外,還有三種特徵會產生交易費用,分別是資產的專用性、不確定性的程度和交易的頻率。比如大眾消費品,資產專用性和不確定性低,適合自由市場。又如城市水電,是高度專用性資產,且企業內部缺乏經濟效率,適合政府組織。

那麼,貨幣屬於哪一類資產?應由哪類組織掌控?

現代銀行體系將中央銀行和商業銀行分離,前者屬於公共機構,後者屬於自由市場。貨幣業務更符合威廉森所描述的中間狀態,即自由市場與公共機構內部化合作。

具體來說:央行是公共機構,負責確立貨幣制度,掌控貨幣發行規則,監管商業銀行。商業銀行是私人機構,負責存款、貸款、匯兌、儲蓄等業務。貨幣制度是公共用品,但貨幣是私人用品。

可以看出,貨幣發行的規則制定權和監管權在央行手中,但貨幣的發行權,包括供應規模和利率,掌握在商業銀行手中。銀行業務是交易費用和交易風險極高的業務,央行需要設立嚴格的規則監管商業銀行。

較接近這一模式的是香港的銀行系統。香港金融管理局扮演了監管角色,它不負責發行貨幣,但確定貨幣發行規則。

香港金融管理局採用百分之百外匯準備金發行機制。滙豐、渣打、中國銀行(香港)三家商業銀行向金融管理局繳納一定數額的美元,換取等

值的港元「負債證明書」後，才能增發港元現鈔。

當然，金管局也會採用公開市場操作的手段干預市場，但目的並非控制匯率或貨幣發行量，而是確保匯率固定在 7.80 港元兌 1 美元上。

可見，香港的銀行體系將貨幣供應數量及利率交給了自由市場，由三家相互競爭的商業銀行來決定。這是公共機構與自由市場力量的有效結合。自 1983 年以來，這一制度執行得非常成功，確保了香港金融市場的穩定。

貨幣發行權回歸自由市場，商業銀行可以比央行更合理地配置貨幣，更好地掌控貨幣供應量，讓市場利率與自然利率保持一致，這樣才能保證哈耶克所界定的真實儲蓄。只有真實的儲蓄，而非超發的貨幣，拿來投資才可能創造真正的財富。

最後，基於威廉森所說的人類天性中的有限理性和機會主義行為傾向，以及交易特徵，央行需要嚴格監管商業銀行。

重塑全球銀行體系，經濟才能重返繁榮之路。

■ 參考文獻

[1] 理察·坎蒂隆，商業性質概論 [M]，余永定譯，1997。

[2] 理查·福斯特，創新：進攻者的優勢 [M]，王宇鋒譯，2008。

[3] 約翰·梅納德·凱因斯，貨幣論 [M]，何瑞英譯，1986。

[4] 努特·維克塞爾，利息與價格 [M]，蔡受百譯，1997。

[5] 哈耶克，價格與生產 [R]，許大川譯，1966。

[6] 尼古拉斯·韋普肖特，凱因斯大戰哈耶克 [M]，閻佳譯，2013。

[7] 哈耶克，知識分子為什麼反對市場 [M]，秋風譯，2003。

[8]　哈耶克，貨幣的非國家化 [M]，姚中秋譯，2019。

[9]　奧立佛‧威廉森，交易成本經濟學 [M]，李自傑，蔡銘譯，2008。

自由貨幣

　　貨幣，從商品到貴金屬，再到信用貨幣，仍未脫離主權貨幣的範疇。

　　經濟學家曾暢想過自由貨幣時代。現如今，許多人都在抱怨美元霸權，一些極客創造了數位貨幣。

　　從經濟學的邏輯來看，數位貨幣是否可行？我們應該如何理解它？

自由貨幣

美元、比特幣與數位貨幣

Facebook 發表 Libra 穩定幣，比特幣一路狂飆破萬（美元），數位貨幣重回大眾視野。

這次 Facebook 這位濃眉大眼的「正統」玩家參與，背後還帶著 Visa、PayPal、Uber、安德森・霍洛維茨基金（Andreessen Horowitz）等重量級玩票者，再加上這兩年捲入「政治漩渦」的祖克柏（Mark Zuckerberg），爭議與非議自然少不了。

大致有以下幾種論調：

第一，數位貨幣戰爭論（祖克柏野心論）。

Facebook 發行數位貨幣，挑戰美元霸權，終結法定貨幣統治，彰顯祖克柏的政治野心，展現區塊鏈及數位貨幣的未來統治力。

此論多見於加密貨幣追隨者、去中心化信仰者以及「密碼龐克族」主義者。

第二，美元陰謀論。

美國意圖以 Libra 無國界貨幣及銀行體系，擊潰他國法定貨幣體系、外匯及金融市場，促使他國資本外流，掌控數位時代的貨幣霸權。此論多見於反美元霸權者以及陰謀論擁護者。

第三，數位貨幣詐欺論。

比特幣、數位貨幣以及 Libra 沒有價值，皆為泡沫、騙局，是聰明的人向相信的人收取的智商稅；只有國家才能夠發行貨幣，貨幣的非國家化走不通。此論支持者眾，包括比爾蓋茲（Bill Gates）等傳統技術勢力、巴

菲特（Warren Buffett）等傳統金融勢力、羅伯特・席勒（Robert Shiller）等傳統學術勢力、金融監管者、數位貨幣受害者、勞動價值論者以及普羅大眾。

第四，中立觀察論以及嘗試論。

這是一種相對開放的態度：不排斥新技術，分散式、區塊鏈值得關注，若技術成熟有應用空間；不反對新貨幣及新金融體系，認為當前國際貨幣體系存在問題，新貨幣或可作為解決方案之一；從數位貨幣到數位央行，再到數位金融，無國界的貨幣及金融體系值得試錯。此論多見於新技術支持者、理性主義者以及部分旁觀群眾。

可見，此事爭議甚大，不可小覷，並非三言兩語能夠定論。其主要原因是資訊科技（分散式計算、加密技術）、貨幣及金融體系複雜而精深，經濟學家不懂技術，工程師難懂貨幣，二者長期隔離、不易相通。

01 貨幣的非國家化

私人到底能否發行貨幣？

Facebook 加密貨幣 Libra 白皮書開篇便霸氣十足：「Libra 的使命是建立一套簡單的、無國界的貨幣和為數十億人服務的金融基礎設施。」

祖克柏的野心是發行一個無國界的超主權數位貨幣，重構全球金融基礎設施。反過來，Facebook 加密貨幣 Libra 實際上是在挑戰傳統法定貨幣及金融體系的權威。

2009 年 1 月 3 日，比特幣網路第一個區塊被挖出時，中本聰嵌入文字：「泰晤士報 2009 年 1 月 3 日，財政大臣站在第二次救助銀行的邊緣。」

此時，聯準會主席柏南奇正在推行第一期量化寬鬆，決定購買 3,000 億美元長期國債、收購房利美與房地美發行的大量抵押貸款支持證券。

「舉大義」需要頂層設計，抓住時代的弱點。陳勝吳廣高呼「王侯將相寧有種乎」，群雄揭竿而起。「高祖斬蛇，平帝還命」，劉邦斬白蛇起義，奪得天下。

如今，中本聰和祖克柏都指向法定貨幣貶值、美元霸權，試圖以數位貨幣取而代之。

2008 年金融危機後，全球主要國家央行實施寬鬆貨幣政策，美元及主要法定貨幣貶值，全球流動性氾濫，引發眾多民眾不滿，但他們又似乎無可奈何。

此時，比特幣低調出場。

中本聰直指法定貨幣的要害：「傳統貨幣的根本問題就是，它們必須得到全部的信任才能發揮作用。必須信任中央銀行不會使貨幣貶值，然而歷史上卻不乏違背這一承諾的情況……」[15] 中本聰的做法是發表一個無國界貨幣——比特幣，建立一個點對點的電子現金支付系統。比特幣背後至少包含三層含義：

一是比特幣是非法定、無國界貨幣，即貨幣非國家化。

二是比特幣網路是一個去中心化的分散式網路，一個無國界的銀行轉帳及支付系統。

三是比特幣的出現，意味著一種非國家化的超主權貨幣以及無國界金融體系的嘗試。

Facebook 加密貨幣 Libra 則是在這三層含義上強化了可執行性。

---

[15] 2019 年 6 月 18 日 Facebook 發表的 Libra 白皮書。

但是，這裡出現一個問題：貨幣能否非國家化、私有化？

這是一個看似簡單而又非常難回答的問題。根據當前主要國家的法律，法定貨幣受到國家法律保護，具有法償性和強制性，私人貨幣不受認可。

但是，倘若從貨幣歷史、本質及未來趨勢來看，這問題又沒那麼簡單。

「自由主義鬥士」哈耶克是貨幣非國家化主張的代表人物。

在 1970 年代，哈耶克將自由主義思想貫徹到底，瞄準自由經濟的最後堡壘——國家法定貨幣，提出一個驚世駭俗的主張——貨幣的非國家化，質疑政府壟斷貨幣發行的法理性，主張以競爭性貨幣來打破政府對貨幣的壟斷。

為此，哈耶克出版了《貨幣非國家化》一書。這本書如今成為數位貨幣支持者的理論大旗。

不過可惜的是，哈耶克在書中並沒有提供詳實的歷史資料或可靠的理論，論證貨幣非國家化的可行性。他只是提出了諸多問題：

歷史上，黃金、白銀、銀行券都不是法定貨幣，貨幣非國家化的時間遠遠大於國家化的時間，為什麼貨幣一定要由國家壟斷？

既然相信市場競爭是資源配置效率最高的手段，那麼，為什麼貨幣發行不交給市場來解決？

市場的價格、供給、競爭機制可以防止貨幣超發，維持價格穩定，國家壟斷反而導致貨幣超發、貨幣貶值，為什麼不用市場機制來解決通貨膨脹問題？

這三個問題甚至難倒了當時的經濟學家，包括貨幣主義創始人傅利曼。

自由貨幣

凱因斯主義者與新自由主義者難有共通之處,但他們都堅持貨幣由國家壟斷。哈耶克問傅利曼,你既然是市場自由主義者,為什麼在貨幣問題上卻不相信市場?

傅利曼答不上來,只說貨幣很重要,不可輕舉妄動,只能由國家控制。事實上,絕大多數經濟學家都堅持貨幣國家化,但都沒有可靠的理論支持。

早期人們使用的貝殼、食鹽、石幣、金銀、銀行券都不是國家化的,都是市場自發形成的。比如,銀行券是早期威尼斯、倫敦等城市的私人金鋪向客戶發放的「憑證」。

最早的央行英格蘭銀行,是由蘇格蘭人威廉·佩特森於西元1694年創立的。這家英國皇家特許的央行最初是私人性質的,主要為政府籌措戰爭經費,並擁有發幣權。

西元1844年,英國首相皮爾推行了新銀行法──《皮爾條例》,將英格蘭銀行改組,分設發行部和銀行部。

英格蘭銀行的發行部實際上承擔了央行的基本職能,包括:發行貨幣;管理國債;同財政部和財政大臣合作,執行貨幣政策;代理政府保管黃金外匯存底等等。

《皮爾條例》削弱了私人銀行發幣權,控制了私人銀行發行法定貨幣額度,確認了英格蘭銀行的央行地位以及英格蘭銀行券的法償貨幣地位。

這是貨幣史上貨幣國家化的關鍵步驟。

後來,為了避免「既當裁判員又當運動員」的衝突,英格蘭銀行逐漸放棄了商業銀行業務,成為名副其實的央行,並於1946年由工黨政府收歸國有。

英格蘭銀行成為其他國家央行的標準範本，扮演「最後貸款人」的角色，是「發行的銀行、銀行的銀行、政府的銀行」。

不過，在《皮爾條例》通過後，當時的英國哲學家赫伯特・史賓賽對此提出質疑（可見，哈耶克不是貨幣非國家化思想的首創者）。

史賓賽的理由跟哈耶克如出一轍，他指出：「既然我們信賴雜貨店老闆賣給我們的茶葉的分量，我們也相信麵包店老闆賣給我們的麵包的分量，那我們也可以信賴希頓父子公司（Heaton and Sons）或伯明罕的其他企業也會根據其風險、利潤來供應我們沙弗林與先令。」

史賓賽的主張惹惱了英國著名經濟學家傑文斯（William Stanley Jevons）。傑文斯直截了當地說：「沒有任何東西比貨幣更不適宜於交給企業進行競爭的了。」

傑文斯搬出了「格雷欣法則」作為依據，他說：「良幣不可能驅逐劣幣恰恰證明了這一法則。」

後來，經濟學界普遍接受了傑文斯的觀點，即貨幣市場容易出現劣幣驅逐良幣的問題，因此貨幣發行應該交給國家。在戰爭年代，多數國家的政府接手了央行及貨幣發行權。此後，人們逐漸習慣了貨幣國家化及法定貨幣的規則。

但是，傑文斯實際上忽略了一點，「格雷欣法則」恰恰緣於政府強制導致市場無法充分競爭。政府規定只能使用金銀來鑄幣，或者壟斷了發行市場，才會出現劣幣驅逐良幣現象。如果貨幣市場充分競爭，劣幣沒有人接收，自然會被淘汰。國際貨幣市場實際上是一個相對競爭的市場，沒有人接收委內瑞拉玻利瓦這類的貶值貨幣。

所以，用「格雷欣法則」來解釋貨幣國家化實際上是站不住腳的。

自由貨幣

　　理解這一點的困難來自我們對貨幣的固定思維，或者是一般等價物的誤導。

　　自亞當斯密（Adam Smith）以來，經濟學家都認為貨幣源於普通商品，屬於一般等價物，沒有凝結人類勞動的貨幣沒有價值。這種貨幣理念一直誤導了經濟學家和大眾。

　　自1970年代開始，經濟學家反思貨幣的本質及起源，貨幣即合約（契約）的主張逐漸得到認可。

　　新制度經濟學家認為，貨幣的本質是一組合約，是一群市場主體共同協商的一種解決市場交易的制度安排。現代貨幣理論認為，貨幣起源於債券債務，屬於債務記帳工具及債務契約（欠條）。不過，現代貨幣理論認為，貨幣必須由國家掌控。

　　例如，一個島上沒有貨幣，交易不便利，島民們協商採用一種中介物來促使交易達成。假如他們共同確定用石幣作為交易中介物，那麼石幣就是貨幣，也是大家共同要遵守的契約——促進交易便利性的契約。

　　貨幣起源於交易費用，為了降低交易費用，人們協商使用一種制度來解決。人類歷史上，孟加拉人協商用貝殼做交易，草原民族協商用羊皮做交易，雅浦島民協商用石幣做交易，監獄獄友協商用香菸做交易……

　　信用貨幣是一種債權債務性質的合約。如前所述，美元上印刷的「This note is legal tender for all debts, public and private」（這張紙幣可以合法支付任何公共及私人債務），以及港元上印刷的「Promises to pay the bearer on demand」（憑票即付），都是指債務合約關係。

　　貨幣五花八門，種類繁多，但本質上都是一種合約安排。

　　貨幣是如何從自由貨幣變成法定貨幣的？

法定貨幣的出現，與國家的出現本質上是一樣的。國家也是一種合約安排，但它有一個演化過程。

美國著名的人類學家摩爾根（Lewis Henry Morgan）、塞維斯（Elman Service）等提出國家群演論。摩爾根認為，國家按照「氏族 —— 部落 —— 部落聯盟 —— 國家」演化而來。塞維斯將部落聯盟改成酋邦。

霍布斯（Thomas Hobbes）、洛克（John Locke）、盧梭（Jean-Jacques Rousseau）、史賓諾沙（Baruch Spinoza）等啟蒙思想家提出社會契約論，認為國家就是國民達成的一組契約，透過建立國家機器來保護自己的財產及生命安全。

與氏族、部落、部落聯盟的區別是，國家這個契約水準更高，權利、義務、責任及履約能力都更強。其實，這也是法定貨幣與其他貨幣的區別。

貝殼、羊皮、食鹽、石幣、銅錢、金銀都曾經是一些群體共同協商的貨幣，即契約。但是，國家出現及強大後，國民除了協商如何組建暴力機關保護財產及安全，還協商如何確定一種交易媒介（貨幣）促進商品交易。

如此，法定貨幣就誕生了。

在古代，國家越早出現，國家力量越強大，法定貨幣越早誕生且越牢固。秦國在一統天下後就統一了貨幣。

在近代，隨著商品交易越來越頻繁，法定貨幣的信用優勢開始顯現，貝殼、羊皮、食鹽等各類貨幣大規模消失，逐漸被法定貨幣取代。在大規模商品貿易中，貨幣的網路效應展現得淋漓盡致。同時，網路效應又強化了法定貨幣的國家壟斷地位。

自由貨幣

以上就是法定貨幣的形成過程，但存在兩個細節需要考究：

第一，貝殼、食鹽、鐵釘、石幣、金銀等商品貨幣和金屬貨幣，更多是市場自發形成的，屬於市場自發形成的合約，而不是集中協商的結果。

奧地利學派的主張就基於此。他們認為，市場是一個自發秩序。當沒有貨幣時，所有人都會為了將自己的東西交易出去，同時獲得想要的東西，而猜測、試探交易對方最想得到什麼。

經過幾十年、幾百年的試探後，當地人的偏好逐漸趨同，比如島民認為石幣最好，草原民族認為羊皮最好，海邊漁民認為貝殼最好。這樣不同地方就由市場自發形成了不同的貨幣。

奧地利學派認為，貨幣不是某一個人創造的，而是經過漫長的歷史由市場自發演變形成的。在交易成本極高的情況下，交易者不斷地探索、揣測並最終達成共識（合約）。

第二，早期（古代）的法定貨幣是一種強制性契約。

古代國家具有明顯的暴力及統治色彩，國民只能被動接受包括法定貨幣在內的一切，屬於被統治對象。其中，貨幣也是國家統治的一種手段。

只有到了近代社會，民主國家建立以後，法定貨幣才屬於國民共同協商的合約。

從貨幣的本質來看，貨幣不過是一群人的一組市場合約，法定貨幣是國民的市場合約，國際貨幣體系則是各國一起簽署的市場合約，如「一戰」前的黃金標準、「二戰」後的布列敦森林制度。

所以，貨幣不論從歷史，還是本質的角度，都不屬於國家的特權。即使在法定貨幣時代，也存在大量的私人貨幣、非法定貨幣作為補充。

由於古代國家統治力有限，法定金屬貨幣因運輸、切割等問題，無法

滲透到偏遠村落，於是催生了大量非法定貨幣。

日本東京大學黑田明伸教授在《貨幣制度的世界史》一書中講述了他對於古代貨幣所做的大量史實研究。他發現，在古代中國、近世日本的偏遠村落，由於貨幣奇缺，村民們只能用米、雞蛋等作為交易媒介，同時還存在不少「債券債務型貨幣」—— 借米、借工等欠條合約或口頭承諾。

在近代特殊時期，也存在非法定貨幣。傅利曼在《貨幣的禍害》(Money Mischief) 中講述了一個大蕭條之後的故事 —— 美國華盛頓州一個叫特奈諾的小鎮協商用木片充當貨幣。

受到大蕭條衝擊，特奈諾小鎮上 1,055 家銀行全部停止兌付，一時間城中的交易癱瘓。商工會議所計劃發行相當於儲戶存款 25% 額度的證書，其中一部分證書以印刷了 25 美分等面額、明信片大小的木片形式發行，商人們同意接受這種貨幣，並以此度過難關。

黑田明伸對此分析：「並不基於確實的債權、沒有來自政府的保證、只是以其本身不過是木片或紙屑作為通貨而流通，完全是基於城裡的人們共有的鬆散約定。」[16]

作為合約理論專家，張五常堅持貨幣即合約的主張。他在《經濟解釋》一書中講述了一個例子：戰爭年代出現過一種情況，即將 10 元紙幣撕成兩半使用，半張為 5 元。撕成一半的貨幣，銀行不接收（除非兌換新幣），法律已不承認，但市場依然認可，以 5 元價值交易。

黑田明伸在《貨幣制度的世界史》中介紹了著名的瑪麗亞·特蕾莎泰勒銀幣 —— 一種在 19 — 20 世紀廣泛流通於紅海周邊國家的通用貨幣。凱因斯、哈耶克、韋伯等經濟學家都關注過這一歷史貨幣。

---

[16] 黑田明伸：《貨幣制度的世界史》，何平譯。

自由貨幣

瑪麗亞·特蕾莎泰勒銀幣是一種超越國家權威、疆域、民族及文化的自由貨幣，是最早由奧地利發行的法定貨幣，由18世紀著名的奧地利女皇冠名。

瑪麗亞·特蕾莎泰勒銀幣最初作為奧地利法定貨幣，之後廣泛流通於遠離奧地利本土的非洲、西亞國家，成為跨國結算貨幣，相當於國際區域性貨幣。

西元1854年，瑪麗亞·特蕾莎泰勒銀幣在奧地利國內被廢除，在鄂圖曼帝國也被禁止，成了「非法定貨幣」。但這種來自維也納的銀幣使用規模不但沒有縮減，反而更為廣泛地長時間流通，英國公司在紅海領域的皮革、石油、食糖、纖維製品等貿易中都是以該銀幣結算的。

為了支持國際貿易，奧地利維也納、義大利羅馬、英國倫敦、法國巴黎、英屬印度孟買、比利時布魯塞爾都加入了瑪麗亞·特蕾莎泰勒銀幣的鑄造中。

所以，貨幣其實是一種在市場交換中主體自發認可的「看不見的協議」。

理解了貨幣歷史及本質後，我們就很容易明白，貨幣的非國家化、國家化都是一種協議。美元是美國人的合約，歐元是歐元區國家的合約，數位貨幣是數位貨幣持有者的合約。本質上，所有的貨幣都是協議本位。

合約，數位貨幣支持者一般理解為「共識」，執行合約叫「記帳」，利用「共識演算法」發行數位貨幣，如比特幣的工作量證明（POW）。所謂「共識演算法」就是協議裡具體的權利、義務及規則，如「工作量證明」就是按照雜湊運算效率來競爭記帳權。

比特幣是比特幣支持者們的合約，以太坊是以太坊支持者們的合約，Libra穩定幣是Facebook支持者們的合約。

以太坊是個典型合約──智慧合約，開發者可以利用智慧合約開發 Dapp，支持者可以使用以太坊投資、消費 Dapp。這就是這一共識貨幣的應用環境。

Visa、PayPal、Uber 將成為 Libra 穩定幣的信用節點，預計 Libra 穩定幣將有相當廣闊的應用場景，對以太坊、EOS 構成強大的競爭。

既然都是貨幣，Libra 穩定幣出身於「豪門」，比特幣是數位貨幣及區塊鏈的開山鼻祖，二者能否挑戰美元？

02 貨幣的合約安排

為什麼貨幣超發等於違約？

根據貨幣的本質──「貨幣即合約」，貨幣的非國家化在歷史上、理論上都站得住腳，比特幣、以太坊、Libra 穩定幣以及私人發幣至少具有「合理性」，其合法性則需適用各國法律。

但是，比特幣、以太坊、柚子幣（EOS）以及絕大部分數位貨幣，因其發幣機制存在致命缺陷（合約缺陷），喪失了貨幣的交易功能，淪為投機性數位資產。

這一觀點極為重要。

以上「貨幣即合約」的主張，論證了貨幣的非國家化的合理性，但是我們沒有探討合約的具體內容。

所有貨幣合約中，都有一條「使命性質」的義務：貨幣價格穩定。

不管是市場自發形成的協議，還是群體、國家協商制定的合約，目的都是確定一個可靠、可信的交易媒介（貨幣）。何為可靠、可信？

除了質地均勻、不易腐爛、便於攜帶、易於切割外,最根本的是價格(價值)穩定。沒有任何一個國家、群體會使用一種不穩定的媒介作為貨幣。歷史上,沒有任何一種不穩定的貨幣能夠長久存在。所有的貨幣都崩潰於大幅度貶值,或相對價值不穩定。

所以,貨幣當局(發行方)最根本的義務就是維持貨幣價格的穩定。

反過來,如果貨幣價格不穩定,尤其是大幅度貶值,就相當於貨幣當局違反合約、背棄承諾。

張五常在《經濟解釋》中一針見血地指出:「從合約的角度看貨幣是重要的,而這樣看,通膨或通縮的出現算是毀約……我們聽到的要求穩定物價的聲浪其實是要求守約。」

從貨幣本質的角度,貨幣當局發行過多的貨幣,意味著兩個致命問題:

一是國家違背了貨幣合約,沒有履行維護貨幣價格穩定的義務,沒有提供一個可靠、可信、價格穩定的交易媒介給國民。西方國家非常看重貨幣當局負責人的個人信用。

二是國家發行了太多「欠條」,當國家沒有足夠的資產來「兌換」時,就意味著國家信用破產,貨幣大幅度貶值。

1971 年,美國發行了太多美元,沒有足夠的黃金儲備供成員國政府兌換,因此宣布關閉黃金兌換窗口。這意味著美國單方面撕毀了布列敦森林制度這一國際貨幣協議。

再看比特幣、以太坊和 EOS,這三種數位貨幣的價格漲跌幅度都非常大,價格極度不穩定,本質上是違背了貨幣合約,致使其喪失了貨幣的交易功能屬性。它們從此與貨幣漸行漸遠,徹底變成了投機性數位資產。

從貨幣發行的角度來看,數位貨幣的合約,即「白皮書」,存在龐大的

漏洞：

首先，比特幣、以太坊、EOS 強調去中心化，沒有貨幣發行的責任主體。換言之，沒有一個類似於央行的機構來維護貨幣價格的穩定。

其次，比特幣採取的是一個封閉的、與市場隔絕的發行機制，無法維護貨幣價格的穩定。

中本聰表達了對傳統銀行系統的不信任以及對貨幣超發的不滿，試圖透過定額發行（2,100 萬枚）的方式維持比特幣不貶值。實際上，這種辦法是機械的、無效的。

貨幣不是為了發行而發行，貨幣的功能是服務市場交易。貨幣不應該定額發行，而是應按市場需求發行。

中本聰採用定額發行機制，試圖讓比特幣不斷升值。實際上，貨幣升值與貶值一樣，都是違背了合約，都不利於商品交易。貨幣的天職是價值穩定，而不是升值或貶值。

最後，以太坊、EOS 注重貨幣應用場景，但忽略了價格穩定的重要性。

以太坊的智慧合約推動了去中心化應用程式（Dapp）的發展，也為以太坊這一貨幣找到了一個很好的應用環境。很多人購買以太坊投資專案，專案方也樂於收取以太坊。但是，當以太坊價格大幅度下跌時，這一美好的應用環境就崩潰了。

2018 年下半年，當比特幣下跌時，以太坊跌得更加凶狠，尤其是比特幣跌破 6,000 美元關鍵支撐時，以太坊大幅度殺跌。原因就是大量專案方拋售以太坊，導致發生「集體踩踏」，他們拋棄以太坊換回美元以穩定財富值。

以太坊搭好了臺子，主角不可靠，把戲演砸了。

> 自由貨幣

其實,目前以太坊的臺子存在技術性障礙。以太坊與比特幣一樣面臨擁擠的問題,一個稍微熱門的遊戲就可以堵死以太坊。以太坊試圖用分片技術(分組記帳)來改進,但這項技術預計還得兩年才能成熟應用。這就是當前區塊鏈技術的弊端。

EOS 選擇超級節點(Facebook 的 Libra 也採用此辦法)來解決以太坊的擁堵問題。為了維持超級節點,EOS 制定了社區「憲法」,實際上就是貨幣合約。有人認為,超級節點並未真正地去中心,違背了分散式精神,屬於超級玩家的豪門遊戲。

其實,EOS 的超級節點雖然擴展了應用環境,提升了記帳效率,但本質問題與以太坊一樣,都沒有辦法維持貨幣價格穩定。

如何才能維持貨幣價格穩定?何種貨幣合約才可信?

從人類貨幣史來看,大致有以下三種解決辦法:

一是採用可靠的商品(金屬)貨幣。

這是近代之前最樸素、最原始、最常用的辦法。比如島民偏好石幣,漁民偏好貝殼,游牧民偏好羊皮,比特幣支持者們偏好比特幣。

後來,金屬,尤其是金銀,從眾多商品貨幣中脫穎而出,成為大多數國家的商品貨幣。也就是說,金屬貨幣只是一種特殊的商品貨幣,具有更高的信用。

貨幣等於最可靠的商品,這完全符合勞動價值觀主張。但由於大量的歷史記載,再加上根深蒂固的勞動價值論,經濟學家及大眾對貨幣的本質產生了誤解:①貨幣起源於商品,是一般等價物;②貨幣必須凝結人類勞動,沒有勞動價值的貨幣(紙幣)沒有價值;③對黃金深信不疑,甚至呼籲恢復金本位。

其實，貨幣的價值與商品、黃金無關，商品和金屬只是歷史上保持貨幣價格穩定、保障貨幣信用的最樸素的解決辦法。貨幣的價值與有沒有人類的勞動無關，貨幣的價值來自貨幣的交易功能，有交易功能則有價值。正如陽光的價值與人類及勞動無關，其價值來自其功能屬性。

二是利用權威簽署借貸合約。

遠古社會，由於資訊不對稱、剩餘物資奇缺，並不具備以物易物的條件。當時，更多的交換不是空間上的交換，而是時間上的交換。

比如，甲沒有食物，也沒有東西交換，怎麼辦？甲找到族長，族長出面讓乙借一條豹腿給甲充飢，甲承諾下次打到獵物歸還一條豹腿或一隻小鹿。

這就是時間上的交換，是現代金融市場重要的價值觸發機制。

在這種交易中，甲相當於對乙寫了一張欠條，或給出了一個口頭承諾。這個欠條和承諾就是一種貨幣，即債權債務合約。族長的權威、約定俗成的規則以及甲的信用，是這一貨幣合約的保障。這就是債券債務型合約。

這種貨幣如何才能不貶值？

甲兌現承諾，按期、足額歸還乙一條豹腿或一隻小鹿，說明貨幣沒有違約，「欠條」也沒有貶值。

三是利用國家機制維持貨幣價格。

當部落演化為國家時，國家信用取代了族長信用，成為貨幣價格的穩定器。

最開始，政府利用國家的信用，結合第一種辦法，即商品貨幣的思維和勞動價值論主張，來建構金本位法定貨幣。

自由貨幣

各國政府直接鑄金屬貨幣，如金幣、銀幣、銅錢。後來，銀行券誕生後，才有金本位紙幣，比如「一戰」前的英鎊、「二戰」後的美元。

但是，這個時候的紙幣不能隨便發行，而是以黃金為資產儲備發行。這種發行機制最大的好處是能維持貨幣價格穩定。

英格蘭銀行早在成立時就採用了資產負債表的方式——一邊是黃金資產，另一邊是英格蘭銀行券負債——確定這一發行機制。這成為之後各國央行堅守金本位制度及穩定貨幣價格的典範。

而且，如前所述，英格蘭銀行建立了貨幣兩大標準：「貨幣發行以黃金等為抵押」、「剛性兌付」。

金本位貨幣的合約本質是，紙幣能以固定的價格兌換黃金。這就是黃金標準的信用。

「二戰」後，美國建立的布列敦森林制度，也是基於金本位的國際貨幣體系。在這個體系中，33美元兌換1盎司黃金，只限於成員國政府兌換，個人沒有權利兌換。

但是，法國、西班牙等國政府不斷地拿美元去聯準會兌換黃金，導致美國黃金儲備不斷下降，黃金價格持續上漲，最終無法維持黃金比價而關閉兌換窗口。

黃金兌換窗口被關閉，象徵著人類徹底進入了信用貨幣時代和浮動匯率時代。

信用貨幣無法剛性兌付黃金，從而成為真正意義上的紙幣。美元、歐元、日圓發出的是徹底的「欠條」，你抵押房子給銀行，銀行只給你一張無法兌換黃金的「欠條」。所以，很多人覺得，還是要恢復到金本位才好。

其實，商品貨幣、金屬貨幣、金本位貨幣被淘汰是歷史的必然選擇。

隨著國際貿易規模持續加大，聯準會必須印刷更多美元，但是黃金成長卻非常有限，這樣美元必然貶值，黃金價格上漲，導致美元無法錨定黃金，最終金本位合約崩潰。

信用本位替代金本位，實際上是回歸了貨幣的本質——一種純合約本位貨幣，不需要商品、黃金墊底，僅依靠制度安排。

但是，不錨定、不兌換黃金的信用本位的難題是，這一制度安排如何確保不違約，保障信用貨幣不貶值？

信用本位貨幣實際上是一個高度制度化的貨幣，是一個履約責任重大的合約安排。從 1970 年代開始，各國央行在三個方面強化了合約制度：

一是強化央行的獨立性，使發幣權不被政府及任何組織掌控，促進貨幣政策目標的單一化，通常以控制通膨為目標，旨在穩定貨幣價格，履行貨幣合約。

二是央行創新市場操作工具，將利率調控與公開市場操作相結合。

三是央行資產替換，證券、債券、外匯替代黃金成為央行的主要資產。

除了調整利率和準備金率，央行最常用的調控辦法就是公開市場操作，即透過買賣證券、國債、外匯存底等資產來回收、釋放本幣，以維持本幣價格穩定。

03 美元的霸權解析

比特幣和 Libra 有多大的超越美元的可能性？

我們再來看看比特幣、以太坊、Libra 的合約安排：

比特幣缺少一個像央行公開市場操作委員會一樣的機構，也沒有任何

自由貨幣

資產用於買賣來調節價格。

認真閱讀比特幣白皮書你會發現，中本聰當時設計比特幣的核心目的是建立一個「點對點的電子現金支付系統」，即建立一個無國界的銀行系統，而數位貨幣（比特幣）只是這一系統下的副產品。

為什麼說是副產品？

比特幣網路是一個去中心化的分散式系統，它與電子支付、商業銀行系統的技術邏輯完全相反。假如，甲向乙轉帳 1,000 元，此時會面臨一些問題，如餘額、收款人帳號比對的驗證、雙重支付問題等。通常我們會引入一個第三方權威來處理這些問題，比如銀行系統、電子支付系統。

但是，中本聰認為，第三方權威不可信。他在白皮書中這樣寫道：「可是該解決方案的問題在於，整個貨幣系統的命運完全依賴運作造幣廠的公司，因為每一筆交易都要經過該造幣廠的確認，而該造幣廠就好比是一家銀行。」

中本聰的辦法是將這些問題交給大家（節點）處理，防止被人控制。大家選擇一個人來操作，然後監督他完成。這就是與中心化相對的分散式計算。

那到底選誰呢？

不是民主投票，而是自由競爭。中本聰出了一道數學題，解雜湊函式，即「在自己的區塊中找到一個具有足夠難度的工作量證明」。當然這個工作由電腦來完成，算力越強的電腦，競爭勝出的機會越大。這樣算力超強的專業礦機就誕生了。

當全網廣播和其他節點確認後，你就可以將這些轉帳記錄在區塊之中，然後「跟隨該區塊的末尾，製造新的區塊以延長該鏈條」。

這個過程就叫「記帳」，這個鏈條就是區塊鏈。

這個「記帳」過程是公開的、平等的、不可逆的，被認為是更加可信的。這就是區塊鏈的價值。

但是，如果沒有好處，誰願意做記帳工作？

中本聰想了一個辦法：誰記一筆帳，即挖到一個區塊，獎勵若干個比特幣（現在大概是 12 個）。這是一種獎勵機制。

所以，挖礦實際上是為了爭奪記帳權，比特幣（作為貨幣）實際上是為了驅動比特幣區塊鏈網路而設計的獎勵。

比特幣支持者認為，這種獎勵機制利用 POW，即多勞多得的辦法，是最公平的。

再看法定貨幣發行機制，沒有房子抵押無法得到貨幣。一旦貨幣超發，貨幣潮水般流向富人及大企業，而拿不到貨幣的企業及窮人則要面對通膨。央行不遵守貨幣合約超發貨幣，實際上是向窮人收取鑄幣稅，加大了貧富差距。

但是，從貨幣的角度來看，比特幣的「工作量證明」存在致命缺陷，這一貨幣發行機制意味著勞動的純消耗，沒有累積任何資產，沒有資產不是因為比特幣不值錢，而是無法透過買賣資產來維持比特幣的價格。

有些人認為，比特幣消耗了這麼多電和礦機，維持一個跨國界的分散式銀行系統是值得的。這固然沒錯，但從貨幣的角度來說，這導致比特幣完全違背了貨幣合約，比特幣價格波動劇烈，失去了貨幣價值。

從白皮書來看，中本聰的願望並不是建立一個無國界貨幣，而是一個全球化的分散式銀行系統。

比特幣未來的價值在哪裡？

失去了貨幣價值後，比特幣只剩下投機性數位資產的價值。

那麼投機性資產有價值嗎？

美國有不少投機市場，投機只是一個中性詞。一般來說，期貨投機市場有價格發現的價值，即作為晴雨表、風向標，還有風險轉移的價值——低風險偏好者將風險轉移給高風險偏好者。

比特幣並不存在風險轉移的價值，只存在「晴雨表」的價值。

由於比特幣是一個無國界的分散式轉帳系統，國際局勢一旦緊張，如伊朗問題、法定貨幣惡性通膨，這一系統的價值就會提升——吸收外流資金、洗錢。

由於其流動性比黃金更強、全球化交易更加便捷，比特幣可能會替代黃金指數成為國際局勢的「晴雨表」。

所以，基於無國界的分散式銀行系統，比特幣最大的應用空間應該是成為「數位黃金」。當然，比特幣能否替代黃金依然存有爭議，二者在線上、線下應該都有各自的優勢。

比特幣的價格實際上是由市場自發形成的，這一點其實很了不起。與很多區塊鏈項目一樣，以太坊最開始是以私募起家的，當時融了不少比特幣。但是，比特幣價格波動太大，無法作為資產來穩定以太坊價格。同理，其他數位貨幣融得以太坊、EOS，也無法用後者穩定其價格。

當然，最開始有些區塊鏈項目試圖以股份為資產發行貨幣進行融資，這種貨幣實際上就是證券本位貨幣。

但是，由於股票抵押涉嫌違反主要國家的證券法，絕大多數項目都放棄了這種方式。這就導致區塊鏈項目及數位貨幣缺乏有價資產儲備，成為無本之木、無水之源，全部淪為投機性數位資產。

由於數位貨幣技術難度低、發行成本低，大量數位資產上市。

本來交易所自由競爭，有上市也有退市，可以最佳化數位貨幣資產，但是，由於交易所組建的成本極低、監管缺失，大量交易所上線、大量數位貨幣上線，導致整個市場「貨幣」氾濫、洪水滔天。

比特幣、以太坊等數位貨幣，一旦失去了貨幣功能，淪為數位資產，就徹底失去了挑戰美元及法定貨幣的資格。

貨幣是金融體系的基石，任何資產的定價權都掌握在貨幣手上，數位貨幣的價格都被法定貨幣控制。比如，某個國家的房地產、股票以及其他資產都放在同一個籃子裡，其價格都由該國貨幣價格決定。

比特幣的價格由美元決定，尤其是比特幣期貨上線後，美元勢力對比特幣期貨及現貨價格形成了降維打擊。

所以，數位貨幣的真正前途及其權力在穩定幣上。

Facebook 的 Libra 穩定幣規避了比特幣發幣機制中的弊端，採用了 EOS 超級信用節點的優勢，結合了現代貨幣制度——以一籃子貨幣為儲備資產，是一個相對完善的數位貨幣合約。

Libra 的目標應該有三個：

一是一種穩定的無國界的加密貨幣。

二是一個全球化的分散式銀行系統。

三是一個以 Libra 為核心的全球數位金融體系。

從白皮書來看，Libra 類似於國際貨幣基金組織發行的特別提款權（Special Drawing Right，SDR），亦稱「紙黃金」（Paper Gold）。

1969 年，美元危機爆發，國際貨幣基金組織提出創設一種補充性的

國際儲備資產，作為對美國以外美元供給的補充。這就是特別提款權的由來。特別提款權的價值，目前由美元、歐元、日圓和英鎊組成的一籃子儲備貨幣決定。

但是，特別提款權有特定的使用範圍，只有成員方政府（非私人）才可以使用，主要用於償還國際貨幣基金組織債務、彌補會員政府之間國際收支逆差。

不出意外的話，Libra 的儲備資產應該也是由美元、歐元、英鎊、日圓以及美債等一籃子資產組成。

與比特幣相比，Libra 擁有資產儲備，而且可以透過買賣美元、美債等方式維持其價格穩定。這樣，Libra 就有條件履行其貨幣合約，成為真正意義上的「貨幣」。

那麼，Libra 能夠挑戰美元霸權或法定貨幣的地位嗎？

我們經常說美元霸權，到底什麼是美元霸權？我們可以用一個關鍵字──鑄幣稅來概括。美元如何向全球收取鑄幣稅呢？一般有以下四種方式：

一是發行美元，誰使用美元，誰就被收鑄幣稅。

關於這一點，任何國家的法定貨幣都一樣，因為法定貨幣是信用貨幣，本質上是欠條。你給我資產，我給你欠條，收取你的鑄幣稅。現在國際結算使用最多的就是美元，美元收取了最多的鑄幣稅。

從貨幣的本質來說，這種鑄幣稅其實不算「稅」。因為貨幣是一種「通用」欠條，是一種交易解決方案，為你提供了交易便利，實際上是有價值的。

二是超發美元。

這種收稅方式比較明顯。貨幣超發導致美元貶值，意味著聯準會不受

合約約束。這種不守約行為，導致其他國家的美元外匯存底縮水，減輕了美國政府的債務負擔。這就是變相向全球收取鑄幣稅。

三是以美債為資產發行美元。

這種收稅方式極為隱蔽，極少有人能察覺。如今，聯準會資產負債表裡最主要的資產便是美債。相比黃金、證券，以美債為資產發行美元是成本最低的方式（對於整個美國來說）。

美債本身是欠條，用欠條發行另一種欠條──美元──的好處是政府只需要支付不到3%的利息，即可擴張美元。而美國企業從商業銀行拿到美元在全球投資的收益率超過15%。

倘若聯準會以黃金、證券為資產擴張貨幣，美國政府購買黃金、證券的成本要比自己發美債的成本高很多。

所以，所謂美元霸權，實際上是美元及美債的「雙簧」。

四是美元緊鬆週期。

美元的升值週期備受詬病，因為聯準會每次升息都會引發他國的債務危機和貨幣危機，甚至引爆全球金融危機。

這是美元霸權的突出表現，也是當今世界貨幣體系的核心問題。美元作為「世界貨幣」，理論上應該是全球市場自發形成的共同合約，但是它又是美國人的法定貨幣。美元只對美國人負責，不對他國負責。美元的責任與其權力不相等，法定貨幣的「小責任」與經濟全球化的「大權力」相衝突。

所以，美元寬鬆和緊縮只會考慮美國本國利益，一些國家則慘遭收割。那麼，具體是怎麼收割的呢？

打開其他國家的央行負債表，你會發現，很多國家的央行都以美元、

自由貨幣

美債為儲備資產發行貨幣。這樣是否有問題？

如果美元升值，意味著他國央行負債表的資產通縮，本幣貶值。這個時候怎麼辦？一般都會出售部分資產維持本幣價格。但是，如果美元儲備不夠怎麼辦？本幣貶值就不可避免，甚至大幅度貶值，從而引發貨幣危機或債務危機。

拉美債務危機、亞洲金融危機，以及近年土耳其、阿根廷等新興國家貨幣危機，都是這種原因造成的。

所以，以美元為資產儲備的貨幣，可能會被美元收割，掌控命運的關鍵在於是否有足夠的外匯存底。

為什麼新興國家尤其是拉美國家總是被美元收割？主要原因是這些國家的經濟實力不強，出口創匯能力不足，無法維持本幣價格，同時還大舉美債。港元能夠長期錨定美元的原因是香港的經濟跟得上美國的節奏，擁有足夠的外匯存底。

我們再來看看 Libra 的命運。

港元是美元本位，以美元為資產儲備發行。Libra 與港元類似，錨定美元，當然還包括其他國家的貨幣。

但是，Libra 的命運取決於 Facebook 成立的國際管理組織 Libra 協會（暫且定義為 Libra 的央行）是否具有足夠的外匯存底。

否則如果美元波動大，Libra 為了維持價格穩定，低買高賣，未必能夠達到目的。Libra 的外匯存底來自哪裡？

Libra 協會本身不能成為營利機構，否則與央行職能相衝突。

所以，主要外匯來自 Visa 等信用節點的入會費，以及 Facebook 的援助。但是，這應該遠遠不夠。

新興國家都具有一定的創匯能力，但多數仍難以完全維持本幣穩定。Libra 的主要壓力在於美元波動時如何保持價格穩定。

Libra 錨定一籃子貨幣能否分散風險？所謂一籃子貨幣，依然以美元為大，因為其他貨幣更不可靠。

所以，Libra 沒有任何挑戰美元的餘地，其定價權被美元掌控。

有一種相反的觀點，即 Libra 是美國的陰謀，是美元在施展數位貨幣霸權。

這種觀點其實站不住腳。目前的國際貨幣體系對美元是最為有利的。美元掌控了全球資產及他國貨幣的定價權，但是不需要承擔相應的責任。

還有一種觀點似乎更為直接：貨幣當局尚無法遵守法定貨幣的合約，憑什麼相信 Facebook 會完全履約？

目前區塊鏈技術可以做到不可逆、更公開透明，但無法確保 Libra 價格穩定。更何況 Libra 採用的超級信用節點以及許可型區塊鏈，並未徹底地去中心化。Facebook 在技術路徑上更加實用和成熟，但數位貨幣信仰者會對其可信度提出質疑。

不信任的問題，最終會引發監管風險。這就引出最後一個問題：Libra 挑戰法定貨幣權威以及國家貨幣主權，是否會被監管扼殺？

歐元區以及新興國家對貨幣主權的捍衛是非常堅決的。若 Libra 威脅到他國匯率安全，必然會受到監管和打壓。Facebook 只是一家公司，外匯管制國家有各種辦法管制 Libra，其中包括對 Facebook 的反壟斷調查。

目前，穩定幣 USDT 因為為一家交易所提供貸款，正在遭受紐約州的調查。USDT 一邊扮演央行發幣，一邊做商業銀行的事，這顯然是冒天下之大不韙。

在美國，相信 Facebook 與多數監管機構都有溝通，它們應該做過監管風險的評估。美國監管機構的自信主要來自它們對 Facebook 及 Libra 的掌控權，即美元對 Libra 的定價權。

所以，美元掌控了遊戲規則及定價權，美國有這種自信給予 Facebook 一定的空間做嘗試。對於美國來說，這是一個進可攻退可守的策略：若 Libra 有所表現，美元相當於藉 Libra 累積了數位貨幣的領跑優勢；若 Libra 失敗，也沒有太大損失。

但這僅僅是一種美元策略，談不上策略，更談不上「貨幣戰爭」。

作為一種超主權貨幣、一種全球化的分散式銀行系統，Libra 依然是一個重要的嘗試。

白皮書強調，Libra 的目標是與法定貨幣並存。Libra 不要試圖挑戰美元及法定貨幣，低調地活著就是最大的利好。

試錯，也是一種進步。

■ 參考文獻

[1] 哈耶克，價格與生產 [R]，許大川譯，1966。

[2] 丹‧科納漢，英格蘭銀行 [M]，王立鵬譯，2015。

[3] 華特‧白芝浩，倫巴底街 [M]，劉璐，韓浩譯，2017。

[4] 米爾頓‧傅利曼，貨幣的禍害 [M]，安佳譯，2006。

[5] 哈耶克，貨幣的非國家化 [M]，姚中秋譯，2019。

[6] 黑田明伸，貨幣制度的世界史 [M]，何平譯，2007。

[7] 張五常，經濟解釋 [M]，2015。

比特幣經濟學

2020 年底，比特幣重回巔峰，價格再創新高。

建立於 2009 年的比特幣，在 2010 年首次有了價格（0.0025 美元），十年間價格上漲了 1,080 萬倍，市值破 5,000 億美元，相當於花旗銀行與摩根大通的總和。

比特幣為何暴漲？它是貨幣放水時代的虛擬資產泡沫，還是一種新型的貨幣及金融體系？數位貨幣是否有可靠的經濟學邏輯？

本節不預測比特幣及數位貨幣的價格走勢，也不指導數位貨幣投資，只是從經濟學的角度闡釋數位貨幣背後的金融邏輯。

01 野貓銀行

比特幣類似於一種投機性的虛擬資產。

它上漲的邏輯與黃金類似，是全球金融穩定的「晴雨表」。COVID-19 疫情以來，各國貨幣大規模放水，貨幣貶值預期加劇，市場追逐房地產、股市及比特幣等避險資產，比特幣價格由此走高。比特幣這輪價格上漲，與房價、股價上漲類似，屬於通膨現象。

比特幣還是一種超主權的數位貨幣及跨國界的金融體系。

股市、房地產被法定貨幣定價，其流動性受到國家金融制度的約束，但比特幣不存在這個問題，它是一個資金跨國流動的灰色通道。

比特幣作為投機性虛擬資產，已經成熟了。但是，作為超主權貨幣及新金融體系，數位貨幣還處於稚嫩期，從比特幣到以太坊，再到 Facebook

的 Libra，都還在探索中。

數位貨幣的未來前景如何？

我們知道，數位貨幣之所以驚豔世人，是因為其有別於法定貨幣，是一種私人貨幣。或許，天下苦法定貨幣久已，貨幣的非國家化、私人化備受期待。

其實，在人類貨幣歷史長河中，私人貨幣出現得遠比法定貨幣早，私人貨幣使用的週期也比法定貨幣更長。在農耕時代，很多地方使用的貨幣，如貝殼、石幣、稻穀、羊皮、金銀等，都是私人貨幣。工業時代早期的貨幣，則是私人銀行發行的種類繁多的銀行券。

從西元 1836 年第二銀行被終止，到 1913 年聯準會成立之前，美國經歷了長達 70 多年的自由銀行時代。這段時期是私人銀行的私人貨幣時代。當時沒有中央銀行，州立私人銀行發行的各類銀行券成為人們日常所需的貨幣。

這是私人貨幣野蠻生長的時代，也是美國金融體系萌芽、成長的時代，與今日的數位貨幣格局頗為相似。

西元 1810 年，美國只有 88 家州立銀行；到西元 1860 年，州立銀行增加到 1,562 家，據估算，市場上流通的私人銀行發行的貨幣超過 10,000 種。這些州立銀行的註冊門檻極低，很多州都不需要任何註冊資金及抵押資產。當時具有保護性質的單一制銀行體系（不允許跨州經營）抑制了銀行擴張，助長了小規模的州立銀行膨脹。這些銀行發行的紙幣，多宣稱採用金本位制，但不少都是「空頭支票」，缺乏足夠的抵押物。

有些銀行券的名字千奇百怪，有些還有特殊的綽號，如「藍猴子」、「生病的印第安人」。人們不得不借助出版商印刷的「驗鈔指南」，辨識假幣以及

貨幣價值。辨識貨幣價值的依據是私人銀行的資產規模及信用紀錄。

當時，很多銀行並非開在城市中心，而是開在偏遠地區。這樣有利於逃避顧客拿銀行券上門兌換金銀幣。這種銀行被稱為「野貓銀行」。這群「野貓」擅長「躲貓貓」，顧客平時找到它們兌換金銀幣都頗為困難，就更別說辨識銀行券的價值了。

這種混亂局面在今天是難以想像的，但與當下數位貨幣的局面頗為相似。

觀察自由銀行時代，我們可以看到一個「貨幣 —— 銀行 —— 金融」體系是如何成長起來的。很少有人注意到，當時的私人銀行並不是儲蓄銀行，它是「銀行和企業的混合體」。美國經濟史學家喬納森·休斯（Jonathan Hughes）在《美國經濟史》（*American Economic History*）中指出：「19世紀早期的銀行並不是現代意義上真正的商業銀行，相反，它們基本上是投資俱樂部，了解到這一點非常重要。」

貨幣相當於現代金融體系的總發包商。只有貨幣得到一定範圍的使用，私人銀行的信貸業務才能展開。早期的私人銀行相當於現在的以太坊，它們發行了各種代幣（銀行券），前期主要任務是推廣代幣，也就是為代幣找到應用環境。在中央銀行制度中，基礎貨幣的投放就相當於尋找應用環境。

尋找什麼樣的應用環境？

在法定貨幣體系中，稅收是最基礎的應用環境。從古至今，政府都規定以法定貨幣納稅從而強制民眾使用法定貨幣。在2008年金融危機時，聯準會跳過商業銀行直接向企業貸款，在金融市場上購買國債。這相當於對市場投入基礎貨幣，也是替美元擴張應用環境。

自由貨幣

對於當時的私人貨幣來說，投資就是具有吸引力的應用環境。

私人銀行對外出售股份公開募集資金，投資者獲得一定數額的銀行券，然後投資當地的企業及專案。這就相當於數位貨幣領域的發行代幣募資。今天，很多人對數位貨幣的發行方總是在做專案投資（「割韭菜」者占多數）感到困惑，但其實早期的私人銀行也是這麼操作的，這是在推廣自己的代幣（銀行券）。據估算，西元1860年美國新英格蘭地區的銀行部門所募集的總資金與製造部門的資金存量在同一個級別上。

所以，早期的私人銀行是發鈔行和投資俱樂部的合體。

當銀行券得到一定範圍的認可及應用，私人銀行就開始了更大範圍的信貸業務。當時紐約和賓州的銀行信貸規模比新英格蘭大，城市銀行主要貸款對象是商人，農村銀行主要貸款給農場主人。

這樣，私人銀行從發鈔行晉升為發鈔、信貸一體的金融機構，投資俱樂部的身分逐漸被淡化。

早期信貸資金基本是私人銀行發行的基礎貨幣。隨著信貸規模擴大，私人銀行擴張基礎貨幣的壓力增加，因為基礎貨幣的發行需要金銀作為抵押。另外，隨著市場閒散資金增加，顧客的存款需求也在增加，這時信貸銀行就逐步轉變為中介機構，即吸納存款、發放貸款的儲蓄銀行。

這樣，私人銀行進一步演變為發鈔行和儲蓄銀行的合體。到西元1860年，美國前十大企業就有9家是儲蓄銀行。

如何評價自由銀行時代？

中央銀行及法定貨幣支持者批判自由銀行時代金融秩序混亂、銀行家道德敗壞，認為私人銀行製造了西元1837年金融大恐慌及多次銀行擠兌危機。

但令人感到奇怪的是，自由銀行時代（除南北戰爭時期外）並未引發

通貨膨脹，貨幣供應增速甚至還不如人口增速。從西元 1836 年到 1860 年，銀行流通紙幣增加了 47.9%，銀行存款總量增加了 86.7%，銀行資產總量增加了 60.8%，這三項資料均低於 104.7% 的人口增速，而且這期間批發價格下降了 18.4%。

這是為什麼？

有些經濟學家解釋，私人銀行的自由競爭形成自我約束機制，它們珍惜市場聲譽而維護銀行券價格穩定。這種解釋並不完美。

其實，當時很多銀行券還沒來得及通膨，就已經退出市場了。

大量儲蓄銀行吸納存款後以極低的準備金率發放貸款，槓桿率大幅度上升。等顧客上門取款或兌換金銀幣時，「野貓」「割完韭菜」早已溜之大吉，顧客手上的銀行券便淪為廢紙。西元 1857 年大危機時，州立銀行未兌現紙幣比西元 1851 年增加了 60%。嚴格來說，這些銀行券極端通膨而淪為廢紙，卻沒有被納入統計資料。

如今的數位貨幣，就像當年的「野貓銀行」一樣，正在野蠻生長，試圖建立自己的貨幣領地，進而在此基礎上建構一個新金融體系。

02 中央銀行

西元 1844 年，英國首相皮爾推出了《皮爾條例》，這是貨幣國家化的開端。《皮爾條例》確認了英格蘭銀行的央行地位以及英格蘭銀行券的法償貨幣地位。

根據該條例，英格蘭銀行分設發行部和銀行部。發行部實際上承擔了央行的基本職能，包括發行貨幣、管理國債、執行貨幣政策、代理政府保

管黃金外匯存底等。後來,為了避免「既當裁判員又當運動員」,英格蘭銀行逐漸放棄了銀行部的中間業務,成為名副其實的央行。

1913年,美國效仿英格蘭銀行成立聯準會,徹底終結自由銀行時代。此後100多年,世界進入了中央銀行及法定貨幣時代。

就這樣,貨幣從私人用品轉變成了公共用品。表面上看,央行及法定貨幣是公共用品,商業銀行及信貸是私人用品,「凱撒(Caesar)的歸凱撒,市場的歸市場」,分工完美。幾百年來,人們也已經習慣於依賴中央銀行及法定貨幣,很少人覺得其中有什麼問題。

在20世紀之前,即維克塞爾之前,經濟學家奉行貨幣面紗論,將貨幣視為一種可有可無的毫無價值的外生物,大衛・休謨、約翰・密爾是這一理論的代表人物。長期以來,經濟學家並未將貨幣納入經濟學體系中研究,以至於忽視了貨幣私有化理論,普遍認同中央銀行及法定貨幣體系。信仰自由主義的傅利曼也支持大央行主義,不可避免地以計畫手段支配貨幣。哈耶克曾經問過傅利曼,既然信任自由市場,為何不將貨幣發行權交給自由市場,傅利曼沒有給出令人信服的答案。

其實,早在《皮爾條例》通過後,當時的英國哲學家赫伯特・史賓賽就提出過質疑。他的辯詞可以說是哈耶克貨幣非國家化理論的鼻祖,但是翻看《貨幣非國家化》一書,你會發現哈耶克並未做出嚴謹的學術分析。

那麼,中央銀行及法定貨幣體系有沒有問題?

我們從貨幣的起源說起。亞當斯密在《國富論》(*The Wealth of Nations*)中對貨幣起源的分析對後世產生了很大的誤導。人們並不是一開始就意識到需要一種交易中介物。貨幣其實是交易的結果,它源於個體在交換中期望財富或邊際效用最大化的需求。等價交換不會發生交易,只有溢

價交換才會發生交易。每一次交易，交易者都渴望獲得更多的交易剩餘。在經過長期大量持續的交易後，有一、兩種商品會受到交易者的青睞。它的特點是保值，易儲存、切割、攜帶。這種商品最終成為貨幣，如羊皮、稻米、石幣、金銀等。

貨幣並不是人類設計的產物，而是交易的結果。古代世界各地都會在交易中形成某種貨幣。各地最重要的財富，往往就是人們使用的貨幣。在農耕時代，人人都渴望獲得糧食，糧食成為主要的財富，也成為主要的貨幣，地主與農民約定用糧食繳納地租。可見，貨幣與人的智商高低、物質貧富無關。這種觀點基於效用價值論，而亞當斯密信奉勞動價值論，無法從邊際效用的角度分析貨幣的起源。

所以，我們可以得出兩個結論：

第一，貨幣是主觀的。貨幣是個體的財富共識，財富的本質是購買力。貨幣的核心功能就是保值，即價格穩定。如果貨幣超發，這種財富共識便破裂，導致貨幣的邊際價值下降，其真實購買力縮水。

第二，貨幣是私人用品。貨幣源自個人的財富需求，是自發秩序演化的結果，是自由市場交易的產物。

所以，貨幣是個體在無數市場交易中自發形成的財富（效用）共識，是一種「看不見的協議」。本質上，所有的貨幣都是（自發秩序）協議本位。

既然是協議本位，那麼個體能否共同協商一種貨幣？

答案是可以，但這必須建立在自發形成的共識基礎上。金本位貨幣是以黃金為抵押發行的紙幣，黃金對貨幣發行存在硬約束，而黃金就是財富共識。如果黃金的共識破滅了，那麼金本位貨幣也就崩潰了。

如果不是基於自發秩序，就必須滿足全體一致同意原則。布坎南的公

自由貨幣

　　共選擇學說告訴我們，如果要用集體行動替代個體選擇，實現帕雷托效率的唯一方法就是採取全體一致同意原則。因為只有全體一致同意，才能確保沒有任何人受損。

　　經濟學家米爾頓·傅利曼在《貨幣的禍害》一書中講到木片貨幣：大蕭條時期，美國華盛頓州的特奈諾小鎮曾協商用木片充當貨幣。筆者在本書前文中也有過敘述，此處不再重複。

　　如果把特奈諾小鎮的範圍擴大為一個國家，那麼一國民眾共同商量，一致認為國家信用是他們的財富，一致同意以國家信用（稅收）作為抵押發行貨幣，就是信用本位法定貨幣。

　　但是，法定貨幣，尤其是信用貨幣，面臨守約難題，即個人的市場選擇與法定貨幣的集體意志相背離。

　　現實中更常見的背離問題是，當貨幣超發時，投資者放棄現金，買入房地產、股票、黃金等。或者，投資者將貨幣兌換成更可能保值的貨幣，導致本幣價格大跌。張五常認為，通膨或通縮的出現算是毀約。傅利曼說，聯準會濫發貨幣，違背了美國憲法賦予它守住幣值的責任。

　　貨幣應該被賦予法償性，但是，經濟學不完全支持這一說法。

　　上面說到，貨幣起源於交易中形成的財富共識。雖然民眾一致同意使用法定貨幣，但是商品的邊際效用對個人來說每時每刻都在變化。雖然財富共識具有一定的穩定性，但是在歷史長河中，曾經受人追捧的貨幣，如羊皮、稻米、銅幣、石幣，早已淪為普通之物。

　　集體協商的貨幣（信用貨幣），定然會遭遇個人選擇及自由競爭的挑戰。貨幣的真實購買力取決於供求市場，而央行作為權力中心，無法用計畫的手段合理調控貨幣供給。

確保信用貨幣幣值穩定的最佳方式是自由競爭，讓貨幣回歸到自由市場中，由供給市場來決定其真實購買力。具體操作方法是：

中央銀行負責確定貨幣發行制度，貨幣發行權下放到商業銀行，讓商業銀行決定貨幣的供應量及價格。

當然，保持貨幣的競爭性是最重要的。

03 私人銀行

2008 年金融危機爆發後，人們對法定貨幣越來越不滿。如今，法定貨幣幾乎成了一切經濟危機的源頭。基於法定貨幣的全球金融體系已經成為一個大公地，銀行、金融機構、投資者、房地產商、跨國公司及福利主義者等，都在上面分食貨幣紅利。

如果貨幣大規模超發，人們對這種貨幣失去持有的信心，會有越來越多的人將法定貨幣置換成股票、房地產、黃金等避險資產。

掌控和接近鑄幣權的人不斷地利用貨幣貶值來掠奪民眾財富，擴大貧富差距，製造社會危機。

幾乎每一個國家都對法定貨幣的全球化流動實施限制。這個問題的實質是國家制度正在成為經濟全球化的障礙。經濟全球化是國家主權對外讓渡的過程。法定貨幣的國家屬性與經濟全球化大勢相悖，形成特里芬難題，導致全球化經濟失衡。

解決這一矛盾的做法是改變法定貨幣制度。歐元是一種集體行動的解決方案，歐盟國家已讓渡了關稅、貨幣、軍事防禦及部分財政主權。但是，全球化治理的低效、無能，讓很多人對貨幣統一喪失了信心。

自由貨幣

比特幣是一種自發秩序的解決方案。與歐元的溫和過渡相比，這種數位化的私人貨幣直接挑戰了央行及法定貨幣的權威，對國家制度，包括稅收、銀行及金融體系，構成理論上的威脅。

認真閱讀比特幣白皮書，你會發現，中本聰當時設計比特幣的核心目的是建立一個「點對點的電子現金支付系統」，即一個無國界的分散式銀行系統，而數位貨幣（比特幣）只是這一系統的副產品。

根據白皮書，中本聰希望透過分散式節點記帳的方式，建構一個公開的、平等的、不可逆的比特幣網路。為了激勵節點，中本聰設計了限量版的比特幣。節點公平競爭解雜湊函式，從而獲取記帳權，記帳權則對應著一定數額的比特幣。如前所述，挖礦實際上是爭奪記帳權，比特幣實際上是為了驅動比特幣區塊鏈網路而設計的獎勵。

這與私人貨幣發行機制是完全不同的。美國自由銀行時代的私人銀行發行銀行券，然後尋找應用環境，在此基礎上建立銀行網路及中間業務。

比特幣並不是一種「合格」的貨幣。它採用了一個封閉的、與市場隔絕的發行機制。在白皮書中，中本聰表達了對傳統銀行系統的不信任以及對貨幣超發的不滿，試圖透過定額通縮（2,100萬枚）的方式維持比特幣的幣值。實際上，這種辦法是機械的。貨幣不是為了發行而發行，貨幣的功能是服務市場交易。貨幣不應該定額發行，而應按市場需求供應。

不過，數位貨幣時代具備自由銀行時代沒有的優勢，那就是發達的投資銀行市場。比特幣在外匯交易中贏得一席之地，成為投機性的虛擬資產。在這裡，「投機性」是一個中性詞。令很多人困惑的是，比特幣沒有資產背書，它的價值究竟是什麼？換言之，比特幣的財富共識是什麼？

比特幣的真正價值是它的區塊鏈網路，這個網路成為國際資金流動的

「後門」，在全球法定貨幣及銀行體系中撕開了一道口子。

雖然這個系統並不完美，但它確實承載了這一通道價值。在各國管控之下，這個通道還非常窄，只能支撐比特幣、以太坊等極少數數位貨幣的價格。

以太坊比比特幣更進一步，它接近自由銀行時代的私人銀行。

以太坊是個典型合約——智慧合約，開發者可以利用智慧合約開發 Dapp，支持者可以使用以太坊投資、消費 Dapp。這就是這一共識貨幣的應用環境。以太坊在發行基礎貨幣方面是比較成功的，但它的問題與比特幣如出一轍——沒有抵押物背書。

其實，早期很多數位貨幣都試圖尋求抵押物，但受到了金融監管干預。在很多國家，有抵押物背書的數位貨幣都必須被納入證券監管。如今，Facebook 的 Libra 試圖解決這個問題。

Facebook 的 Libra，完全是自由銀行時代私人銀行的玩法。它是一種以美元等為抵押物的穩定幣，Visa、PayPal、Uber 將成為其信用節點，計劃為其提供廣闊的應用環境。

類似於 Libra 這種有可靠抵押物的穩定幣，才有可能成為真正的私人貨幣。按照自由銀行時代的經驗，數位貨幣還會逐步進入儲蓄、信貸、保險、基金、外匯等業務領域。數位貨幣銀行的業務範圍與現有金融市場相差無幾，但其想像空間要大得多。

首先，數位貨幣是貨幣主權重回個人手上的另一種嘗試。

自從貨幣國家化後，貨幣具有法償性，美國人納稅必須用美元。如果私人貨幣重回市場，個人可以根據自己的財富共識選擇貨幣。數位貨幣與法定貨幣、區域性貨幣（歐元）共同競爭，相信美元的人繼續使用法定貨

幣，相信歐元的人使用歐元，相信數位貨幣的人則使用數位貨幣。

其次，數位貨幣是解決通膨問題的另一種嘗試。

很多人說，私人銀行會引發通膨和金融亂象。但實際上，中央銀行及法定貨幣才是金融危機的來源。與中央銀行的計畫手段相比，經濟學的邏輯更支持自由市場的私人銀行來配置貨幣資源。

最後，數位貨幣是解決全球化治理的另一種嘗試。

如今的全球化秩序是失衡的、失敗的秩序，它被國家制度限制了。主要原因是，絕大多數人都沒有辦法參與到全球化治理當中。

數位貨幣背後的分散式技術及社群自治向個體提供了一個參與全球化治理的方式，只是目前來看這種方式的效果很糟糕。但是，數位貨幣、分散式網路及社群自治更符合經濟全球化的去國家化、去法定貨幣化及去不平等化屬性。國家主義者會阻撓數位貨幣的發展，就像阻撓全球化一樣，甚至會利用這種技術強化國家的統治。

如何有效率地共存是人類共同的難題。迄今為止，自由市場是符合抽象邏輯的成功經驗，而數位貨幣在此基礎上延伸到國家制度之外。但，這並不容易成功。

■ 參考文獻

[1] 喬納森·休斯，路易士·凱恩，美國經濟史 [M]，楊宇光等譯，2013。

[2] 亞當斯密，國富論 [M]，郭大力等譯，2015。

[3] 米爾頓·傅利曼，貨幣的禍害 [M]，安佳譯，2006。

[4] 黑田明伸，貨幣制度的世界史 [M]，何平譯，2007。

[5] 張五常，經濟解釋 [M]，2015。

觀歷史

歷史，如明鏡，可自省，可鑑世。

讀史，令人有清風拂面、豁然開朗之感。

而經濟學視角下的歷史，就猶如一條曲幽小徑，綠意盎然，趣味叢生。以經濟學邏輯探尋歷史，有時能從另一維度給予文化史、社會史、政治史照映、解讀。

觀歷史

美國供給側革命

1981年8月4日，美國參眾兩院通過了雷根總統的《經濟復甦和稅收法案》，萬尼斯基（Jude Wanniski）馬不停蹄地趕往白宮，手裡拿著一份5頁紙的文件，文件上訂了一張便條：「謹祝獲得稅法方面的光輝成就。」

萬尼斯基將文件交給雷根團隊核心成員安德森（Anderson）時說：「我知道，總統先生忙於減稅和預算削減，但現在的問題不是這個。」

安德森接過話說：「沒錯，接下來我們將集中火力在監管上。」

「不不不。」萬尼斯基打斷了安德森的話，嚴肅地說，「現在的問題是貨幣。」

此時，美國經濟正在經歷大蕭條以來最糟糕的時期，一場醞釀和謀劃近十年的革命就要到來……

01 邁克1號

1974年底，星期一晚上六點，邁克1號餐廳。

「滯脹的根源是什麼？商業？資本主義？制度？」孟岱爾將杯裡剩餘的波旁威士忌一飲而盡，然後接著說，「都不是，根源在於政府。政府無節制印鈔票就會通貨膨脹。政府提高稅率，就會傷害資本累積，造成失業。最後，失業是注定的。」

「是的，收的稅越多，到手的越少。」坐在邊上的拉弗（Arthur Laffer）插了一句。

萬尼斯基起身往孟岱爾的酒杯裡加了威士忌和冰塊，並問道：

「教授（孟岱爾），你的辦法是？」

「組合拳，穩定美元，削減稅率。」孟岱爾脫口而出。

「赤字怎麼辦？」沉默許久的貝利直截了當地問道，手裡還拿著半杯馬丁尼。

「不用擔心，阿拉伯的富人、日本人、聯邦德國人，都會填補這些虧空……去邁阿密看看。」孟岱爾的言語開始飄忽，邏輯愈加混亂。不過，大家已經習慣了，這是酒精在發揮作用。

「教授、阿瑟、貝利、萊爾曼，來，一起。」萬尼斯基負責每次在這個時候打圓場。

現場觥籌交錯、七嘴八舌，人們醉在夜色之中……這是邁克1號餐廳的一次普通聚會。這間裝飾著黃銅色和紅褐色花彩的餐廳位於紐約曼哈頓下城，此時紐約正處於美國證券交易所的陰影籠罩下 —— 股市大跌、高通膨、高失業。

從1974年末到1976年初，這群「酒鬼」大致每月相聚一次，時間都選在星期一晚上六點。

此外，這裡還有一群焦慮不安的華爾街人以及慕名而來的華盛頓人。他們「坐在絨革扶手椅上，靠著椅背喝上一杯，又或者走進排骨餐廳」，點上一份「夢想」，「彷彿未來數年的交易單都擺在眼前」（羅伯特‧貝利原話）。

在邁克1號聚集的這群「不法分子」、「華爾街新星」、「極有前途的財經界年輕驕子」，試圖向滯脹發起唐吉訶德式的攻擊。只是當時他們無法預料到，這群不可靠的人最後居然會成功，否則定然會有人把邁克1號買下並收藏起來。

觀歷史

後來，人們替這群人及其「胡言亂語」起了一個名字，叫「供給面學派」，而他們這次行動被稱為「供給面革命」。

發起這場革命的人包括羅伯特・孟岱爾、阿瑟・拉弗、裘德・萬尼斯基、羅伯特・貝利，還有查爾斯・派克、盧・萊爾曼、傑弗里・貝爾。

其中，派克經營投行，幾人聚餐基本都是由他買單。貝爾是個保守的政治活動家，剛從越南回國。萊爾曼是位出色的藥店創業者，後來在上東區成立了萊爾曼研究中心，並主持聚會。

貝利個子比較矮，戴著厚厚的眼鏡，衣著樸素整潔，是這一組織的牽頭人。他是一位非常成功的媒體人，那年剛滿37歲，卻掌控著全美發行量最大的商業報紙——《華爾街日報》的社論版。他出身中產家庭，是個土生土長的中西部人，言談舉止從小受到嚴格訓練。他嘴裡總是對常春藤的媚俗表示不屑，認為中西部人更加嚴謹和善於思考，但卻在報社僱用了不少常春藤高材生。與萬尼斯基的滔滔不絕不同，貝利言語不多，甚至惜字如金，文章言簡意賅，文風犀利。

貝利浸淫華爾街多年，長期與年輕經紀商、高階主管打交道，具有非常高的新聞敏感度。在滯脹爆發這兩年，貝利發現，大批年輕人都對政府的「降低預期」這些無用的新名詞感到十分厭煩，他們希望聽到新的聲音。

出於職業敏感，貝利開始四處尋找批判者、懷疑論者，把他們召集在一起，在邁克1號喝著馬丁尼、吃著牛排、針砭時弊、指點江山。

貝利意識到他必須找個得力的助手，於是將才華橫溢的萬尼斯基招入麾下。

萬尼斯基比貝利小一歲，皮膚黝黑，黑色襯衫和白色領帶是他的標準

搭配。他是華爾街新聞圈有名的「地頭蛇」。他也出自中產家庭，在加州大學獲得了新聞學博士學位，同時也沾染了一身西部牛仔的狂野氣息。

1962年，萬尼斯基開著別克Riviera、穿著Lame套裝來到了《國家觀察員報》編輯部，副駕駛座上還坐著一位拉斯維加斯的長腿歌女（他的妻子）。

萬尼斯基剛來編輯部報到那天，同事們試圖用美式辦公室惡作劇捉弄這位散發著東歐內陸氣息的「工人子弟」。一位同事告訴他，隔壁有個迷路的拉美客（其實是道瓊的執行長華倫·菲力浦，該報當時是道瓊旗下的政治刊物，由《華爾街日報》發行）。結果，萬尼斯基請菲力浦出去喝了一杯威士忌後，與這位最大的領導者打好了關係。從那時起，萬尼斯基在華爾街新聞圈這方寸之地大顯身手，將其無與倫比的情商以及挖掘「明日之星」的敏銳天賦發揮到了極致。

萬尼斯基對經濟學一無所知，但他愛讀書、交友和高談闊論，熱衷於刨根問底。貝利將萬尼斯基調到《華爾街日報》社論版。萬尼斯基加入貝利的報社後，兩個人都住在臨時宿舍，每天下班吃完晚飯後，一起在曼哈頓下城散步。萬尼斯基嘴裡總是滔滔不絕地談古論今。

邁克1號是這場供給面革命發起的根據地，貝利是總策劃，萬尼斯基是聯絡員、活動家，他們掌控的《華爾街日報》則是革命宣傳機、動員機、播種機。

另外兩位——孟岱爾和拉弗——是靈魂人物，也是這個團隊中相對可靠的「重量級人物」。

拉弗，34歲，擔任過聯邦政府財政部預算員，是這群人中看起來最正常的。他稍顯矮胖，衣著整潔，笑容燦爛，但是這些外在特徵顯然極具欺

騙性。他愛講黃色笑話而不能自拔，肩膀上時常都停著一隻奇異的鳥，完全是滑稽做派。他更是在 1978 年的加州抗稅運動中大出風頭，以致經常出現在記者圈的飯局中。

孟岱爾是拉弗的老師，42 歲，出生於加拿大，剛剛來到哥倫比亞大學經濟學系任教，但早已在學術圈享有盛名。他雖然是七個人中最年長的一位，卻是一副過時的嬉皮做派，長髮披肩，打扮怪異，身穿彩裝，全身上下都透露著叛逆氣息，完全沒有學院派教授的風範。這位來自加拿大的教授，說話含糊，用詞飄忽，吐字間或夾雜加拿大口音。他經常酒過三巡後才借酒發揮，奇談怪論頻出，熱鬧的討論經常因此而冷場，因為人們經常聽不懂他到底在說什麼。因而供給面學派的批判者們喜歡嘲笑孟岱爾的理論來自「酒精中毒」。

孟岱爾富有才華，天生喜歡出其不意。一次，貝利趕稿時緊急求助於他關於國際貨幣系統的問題，而孟岱爾則先唸了一段教宗的詩，然後才借題發揮。可以確認的是，這次孟岱爾沒有喝酒。

孟岱爾與拉弗二人亦師亦友、師徒情深，一起並肩作戰了一輩子。作為經濟學教授，孟岱爾追求本質，理論完整，富有「浪漫主義」革命家的氣質；拉弗側重於經驗主義，擅長資料分析，更像一位學者型實幹家。

放蕩不羈的萬尼斯基在華爾街圈能量很大。早在 1971 年，在拉弗擔任尼克森總統預算員期間，萬尼斯基就因傳達政治通告而結識了拉弗，後來拉弗又將孟岱爾介紹給了萬尼斯基。到了 1974 年滯脹危機時，貝利、萬尼斯基積極邀請孟岱爾、拉弗這群老饕到邁克 1 號聚餐。

這兩位「重量級人物」的加盟，逐漸吸引了一群華爾街交易商以及年輕人駐足於餐廳，並點上一杯威士忌安靜地聽教授們高談闊論。孟岱爾和

拉弗很快統治了整個邁克1號。萬尼斯基在聚會時充當司儀的角色。他招呼各位老饕，為他們點牛排、倒酒，還有一個重任就是努力不讓孟岱爾教授「信馬游韁」地發言，然後將教授的「胡言亂語」翻譯給聽眾。

這群老饕除了一致否定當時聯邦政府的經濟政策外，還對一項政策一致投反對票——戒酒令。貝利喜歡馬丁尼；萬尼斯基不挑且酒量最好；孟岱爾是眾人皆知的「酒鬼」，他喜歡喝上兩口威士忌後開始表演，中間還會不停地發出伴著酒精味的粗喘聲，人們聽不懂他的話時，總會將其歸為酒精作用後的一派胡言。

有一次，尼克森的顧問團幹事來做客，午飯前這群人乾了三杯只加冰塊的兩份波旁威士忌，吃飯的時候又喝了一杯單份波旁威士忌，整個過程沒有一句廢話。這就是那個時代的舊商務風格。只點金巴利和蘇打水或白酒的都是被人看不起的懦夫，幾乎沒有男人點過冰茶。

這是真實的「70年代秀」，社會開放、民主、自我、瘋狂、叛逆，充斥著威士忌、毒品、性、搖滾、迪斯可、嬉皮和「重金屬味」。

但是，正是這群無黨派分子，「迪斯可學術分子」，華盛頓、華爾街以及新聞界叛逆者，拯救了深陷滯脹泥潭十年之久的美國。他們幾乎都在40歲以下，自發地聚集在邁克1號。

這間餐廳，在西元1874年還是華爾街第二梯隊的一間狗窩，如今也已經不復存在，但當時卻是這場革命的策源地。

這群老饕是如何尋求政治支持，又如何拯救這個國家於危難的呢？

02 「我時代」

美國演員、「新新聞主義之父」湯姆·沃爾夫（Tom Wolfe）稱1970年代為「我時代」。

哲學家克里斯多夫·拉許（Christopher Lasch）指出「我時代」的根源——「高通膨促使人趕緊花錢，催生一種只顧當下的『自戀』心性」。[17] 自1973年石油危機爆發開始，通膨率快速飆升，人們趕緊花錢，又不停借錢，貨幣需求被放大，聯準會又印發更多美元。通貨膨脹率和槓桿率越來越高，美國經濟陷入「自我膨脹」的負回饋。

面對惡性通膨，美元持續貶值，全球投資者驚慌失措。諾亞方舟在哪裡？救命稻草又在哪裡？

人們最終發現，最靠得住的是地球。地球給人類最大的餽贈除了陽光雨露之外，還有大宗商品。每到人類自己玩過火時，大宗商品都是雷打不動的強勢貨幣。大量資金投向黃金、石油、天然氣、土地，一夜之間地球的餽贈變得極為稀缺，價格飛漲。

此時，蘇聯計畫經濟本已走到崩潰的邊緣，但是「沙文主義」霸占的大片領土以及地下的礦產資源，再一次拯救了這個國家。蘇聯的礦井開足了馬力，石油源源不斷地輸出，美元從天而降。

有了美元撐腰，蘇聯將手伸到了阿富汗、越南、拉美、非洲。

而美國此時已經完全喪失了大國氣象，股市大跌，市債違約，美元貶值，資本外逃，經濟停滯，通膨居高不下，失業率攀升。

1972年至1973年，雞蛋上漲49%，物價「扯蛋」之後便「雞飛蛋打」，

---

[17] 克里斯多夫·拉許：《自戀主義文化》，陳紅雯、呂明譯。

雞鴨魚牛羊豬等飛禽走獸都「蹦了起來」，肉類整體價格上漲了25%。

德州一個農場主人將4萬隻雞活活溺死在水塘，令全國電視觀眾目瞪口呆。原因竟是當時家禽價格不夠高，還無法獲得補貼。

1973年4月，頂半邊天的家庭主婦發起了一場為期一週的全國抵制肉類運動。1973年10月，石油輸出國組織（歐佩克，OPEC）會議召開，尼克森政府將通膨責任歸到阿拉伯人身上。隨後，科學家與學者推出了一個「傳統」的替罪羊——聖嬰。

10月20日週六晚，尼克森濫用職權對司法部進行「大屠殺」，震驚全美；31日，眾議院啟動對尼克森的彈劾程序。

尼克森總統是凱因斯主義的支持者。「我如今在經濟上是一個凱因斯主義者，」1971年，他對《紐約時報》說，「我正準備將美元貶值。」他根據菲利浦曲線，透過美元貶值來降低失業率，然後透過物價操控來控制通貨膨脹。

這看起來似乎兩全其美，但尼克森花了一整年的工夫強控物價，「凍結」食品價格，結果物價失控，自己深陷「水門」。

1974年5月，物價比起去年同期成長11%，經濟持續走低，失業率持續走高。

這時候，人們挖出了一個「氣象播報員」——1960年代詹森政府時期的CEA（白宮經濟顧問委員會）主席亞瑟・奧肯（Arthur M. Okun）的統計資料。奧肯模仿氣象溫度和溼度表示舒適度指標的做法，將通膨率與失業率結合，創造出一個「經濟不舒適指數」。這個指數從最初的6漲到了此時的18。人們調侃說，這已經不是「不舒適」了，然後將其改稱為「痛苦指數」。

觀歷史

整個漫長的 70 年代，美國兩屆政府都在忙於強行控制物價，阻撓工會加薪，控制消費欲望。學院派經濟學家和政府經濟顧問，每天除了「慚愧」就是爭論，希望民眾給他們多一些時間。

薩繆森則將 60 年代英國一位政治家發明的一個合成詞——「滯脹」搬了過來，準確地形容了當時特殊的經濟現象，但也無比打臉。此時，討論經濟問題儼然成了「全民娛樂」，當然其中少不了調侃薩繆森。而在經濟學界，一場嚴肅的「群毆運動」正在醞釀。

在滯脹爆發之前，薩繆森是全球經濟學界的領袖，他領導的新古典綜合學派風光無限。這個學派的理論大旗便是著名的「菲利浦曲線」，這個曲線告訴我們，高失業與高通膨不可能同時存在。

菲利浦曲線原本是紐西蘭經濟學家威廉·菲利浦發明的。後來經過薩繆森和漢森改良，被命名為「菲利浦曲線」，而薩繆森藉此名聲大噪。

薩繆森不但提攜後輩，還將菲利浦曲線納入新古典綜合學派作為「鎮山之寶」。他用菲利浦曲線直接明瞭地告訴政府官僚、貨幣當局以及整個經濟學界，要想降低失業率，增加通膨即可。兩黨候選人如獲至寶，認為終於化解了失業這個最難的政治考題，使菲利浦曲線在整個 60 年代一枝獨秀。

但是，此時高失業、高通膨並存，被凱因斯主義壓制了幾十年的新自由主義怎麼會放過如此良機？於是，各門各派、各山各洞傾巢而出，一場惡戰不可避免。

反對者中，最具代表性的是傅利曼。這位個子不高的經濟學家用理論、數字、經驗埋葬了菲利浦曲線，幾乎憑藉一己之力踩著菲利浦登上了 70 年代的主流經濟學頂峰，在百花齊放、百家爭鳴的時代為貨幣主義安營紮寨。

而菲利浦，這位來自澳洲的經濟學家，被薩繆森頂在最前面，曾經享盡榮光，此時也受盡委屈。這群新自由主義者把所有的怨氣都撒向了菲利浦曲線，對菲利浦實施了一頓「群毆暴打」。

菲利浦實在吵不過這群躍躍欲試、急於「篡位」的美國人，後來他返回並長居清靜無爭的故鄉澳洲，開啟了自己的新課題——研究中國經濟。

但是，主流經濟學家的「神仙打架」普通市民看不懂，也不關心，只想擺脫這種糟糕的境地。

「我瘋狂如陷地獄，我受夠了！」1976年的《螢光幕後》(Network)發出了民眾心中的怒吼。

受「口紅效應」影響，大量市民湧進了電影院，在電影中沉醉、麻痺與自我安慰。《金剛》(King Kong)、《星際大戰》(Star Wars)、《飛越杜鵑窩》(One Flew Over the Cuckoo's Nest)、《教父》(The Godfather)、《國際機場》(Airport)、《大法師》(The Exorcist)、《大白鯊》(Jaws)、《狂蜂末日》(The Swarm)、《火燒摩天樓》(The Towering Inferno)、《超世紀諜殺案》(Soylent Green)等世界末日及驚悚電影爆紅，締造了那個輝煌的電影時代。

永不服輸、力挽狂瀾以及個人英雄主義是美國電影每一個時代的不朽主題。從電影院走出來的民眾，對黑板經濟學家（寇斯曾批評薩繆森為「黑板經濟學家」）的陳詞濫調早就厭煩不已，渴望存在一個「洛基式」英雄（《洛基》〔Rocky〕，1976年），不問出處，勇於挑戰，拯救美國。

邁克1號這群難登大雅之堂的「江湖郎中」就像洛基，人微言輕，學術根基尚淺，甚至沒有資格參與「群毆」菲利浦的運動，偶有驚人之語也遭人嘲諷。

> 觀歷史

　　1971年，作為一名預算官員，拉弗對當年國民生產毛額的預測在華盛頓掀起了一陣風暴，整個華爾街新聞圈都在討論這個來自管理預算處的年輕人。當時還是《國家觀察員報》記者的萬尼斯基打電話給他，從此二人譜寫了一段偉大的友誼篇章。

　　在華爾街做這行以來，萬尼斯基差不多每天都見得到各種「大人物」，但是當見到拉弗時，他像個孩子，抓住拉弗不放，問了一大堆問題，譬如「供給和需求的規律是什麼」。「都是些很傻的問題。」萬尼斯基後來回憶說。

　　但因這番預測言論，拉弗遭到了當時最頂級的經濟學家薩繆森的殘酷打擊。有一次，在芝加哥大學經濟學系講臺上，薩繆森甚至使用了「為什麼大家都笑拉弗」這樣嘲笑式的標題。

　　當時，臺下一名學生回憶說：「薩繆森的演講，尤其是標題，十分殘忍無情，足以摧毀年輕學者的學術聲譽。……當日他在芝加哥對拉弗所做的一切都是非常典型的學閥作風。」[18] 孟岱爾早已在學院派中脫穎而出，但是與拉弗一樣不受學院派待見，更不要說得到政府幕僚的賞識。

　　早在甘迺迪政府時期，孟岱爾就曾向聯準會提出過建議，卻遭到後者以及國際貨幣基金組織高管的非議。

　　事實上，「供給經濟學」一詞本源便帶有諷刺的意味。喜劇演員本・斯泰因（Ben Stein）曾在《蹺課天才》（*Ferris Bueller's Day Off*）中調侃過「供給主義」。

　　1976年，在一次經濟學界重量級會議上，他的父親赫伯特・斯泰因（Herbert Stein）──一名經濟學家、聯邦政府顧問，一名憂心預算赤字的

---

[18] 布萊恩・多米特諾維奇：《供給側革命》，朱冠東、李煒嬌譯。

共和黨員,構造出「供給面財政主義者」一詞——非常不屑地說,這種理論只有大概兩個信徒,而且三番五次來華盛頓,試圖發展孟岱爾和拉弗的官僚信徒。

萬尼斯基最開始聽到「供給面財政主義者」這詞有些不快,但等他反應過來時又立即稱讚這個說法精妙無比。萬尼斯基左思右想,將其修改了一下,變成了「供給經濟學」,與凱因斯學派的「需求經濟學」(基於有效需求不足而建立的凱因斯主義)針鋒相對。

而「供給經濟學」一詞可謂傳神至極,似乎暗示著專治凱因斯式政策留下的後遺症。

所幸的是,那是一個自由狂熱的「我時代」,每個小人物都有機會如麥可・傑克森(Michael Jackson)般「太空起舞」,抑或像「魔術強森」(Magic Johnson)般「一球成名」。

1974年,美國經濟陷入滯脹的第二年,這群由嬉皮、酒鬼、「地頭蛇」組成的供給面學派,自發聚集在邁克1號,在高談闊論、爛醉如泥中出發了,帶有幾許「洛基式」英雄色彩,也有一點「教父」(《教父》,1972年)般的浪漫主義。

03 滄海遺珠

孟岱爾,是這群老饕中理論成就最高、最成熟的一位。

孟岱爾在經濟學方面天賦異稟,他23歲便獲得麻省理工學院經濟學博士,29歲發表了只有8頁的《最優貨幣區理論》(*Optimum currency area*),並因「最優貨幣區」這一理論獲得1999年諾貝爾經濟學獎。歐共體根據該理論創立了歐元,孟岱爾也被譽為「歐元之父」。

觀歷史

1963 年，孟岱爾發表了劃時代論文——《固定和彈性匯率下的資本流動和穩定政策》。這篇論文論述了在全球開放經濟體制之下，貨幣和財政政策在浮動匯率環境中如何變化。

令人感到奇怪的是，當時處於布列敦森林制度之中，幾乎所有國家的貨幣都與美元錨定，極少有經濟學家關注浮動匯率的狀況，為什麼孟岱爾會研究浮動匯率呢？孟岱爾此舉，就好比在一夫一妻制下研究一妻多夫制，有什麼意義呢？

後來，孟岱爾自己回憶說，1950 年代，他的家鄉加拿大採用了布列敦森林制度的規則，兌美元匯率有所調整，這啟發他關注浮動匯率。另外，特里芬難題的提出，讓他意識到維持布列敦森林制度的艱難性。

1971 年，尼克森宣布美元與黃金脫鉤，布列敦森林制度解體，世界進入浮動匯率時代。歷史演變呈現了孟岱爾的遠見卓識，同時也意味著屬於孟岱爾的時代來了。

1971 年 4 月，孟岱爾在義大利波隆那全球通貨膨脹大會上，用義大利語向全世界最頂尖的經濟學家闡明了他的主張。

孟岱爾提出大拇指原則（廷貝亨法則），即一目的一政策。「央媽」做「媽」的事，「財爸」做「爸」的事。貨幣政策最適合控制美元流動，稅收政策則重在調節經濟活動，二者組合起來便可以扭轉乾坤，即維持物價穩定和大規模減稅。

這就是解決滯脹的組合拳政策。

會上，他預言了未來十年會出現經濟災難。

其實，孟岱爾的大拇指法則和穩定物價的主張，與德國弗萊堡學派創始人瓦爾特・奧伊肯的貨幣政策有限原則有著異曲同工之妙。

但是,當時大部分經濟學家的思維和思想都還停留在布列敦森林制度時代。面對被浮動匯率和信用匯率攪亂的世界,學院派難以適應,不知該如何建構新的遊戲規則。在場的經濟學家們,自然也就無法理解孟岱爾的主張。

「孟岱爾,你在搞笑嗎?貨幣緊縮與減稅二者往相反的方向走,如何解決赤字問題?」哈佛大學的經濟學家哈伯勒(Gottfried Von Haberler)問道。

孟岱爾認為,境外資金能打破貨幣緊縮與減稅之間的矛盾。

哈伯勒大驚,說:「你是不是瘋了?」兩個人由此吵了起來,孟岱爾則說哈伯勒像鸚鵡學舌。

會後,媒體幫孟岱爾取了一個綽號——聖塞巴斯蒂安(中箭太多)。

一個月後,普林斯頓經濟系系刊《國際金融文集》發表了孟岱爾的演講稿,題目為〈美元與政策組合:1971〉。多年後,經濟學家們發現了這一篇被忽略的重要文章。

孟岱爾不僅對開放經濟體下的經濟政策駕輕就熟,還以歷史案例為自己的理論做背書。

孟岱爾認為,美國歷史上有兩個時期印證了他的政策組合:一是「咆哮的二十年」(1920年代,柯立芝〔Calvin Coolidge〕繁榮),二是1960年代的繁榮。

1914年,美國在「一戰」中獲得大量的黃金儲備,剛成立一年的聯準會接到了管理國際黃金標準的艱鉅任務。結果,貪婪的聯準會居然打破了黃金標準,大幅度抬高美元,導致美國通膨率快速上升。

1916年物價漲了13%,1917年漲幅為18%,1918年漲幅為20%,

> 觀歷史

遠遠超過 20 世紀 70 年代的水準。1920 — 1921 年美國經濟在大衰退中嚴重緊縮，美元價格下跌了 60%，失業率高達 12%。

這是一種典型的先快速通膨，後立即緊縮導致經濟停滯的現象。傅利曼用緊急「踩煞車」來形容這一不當的措施。

1920 年，華倫·哈定（Warren G. Harding）當選總統，任命匹茲堡銀行家安德魯·梅隆（Andrew W. Mellon）作為他的財政祕書。梅隆上任推行了大幅度的減稅，邊際稅率上限從 73% 降到了 25%，下限降到了 1%；同時，建議聯準會以穩定物價為目標，而不是盲目緊縮。

孟岱爾認為，是梅隆的措施催生了供給經濟學，即維持物價穩定＋減稅刺激的政策組合。

另外，孟岱爾還將 1960 年代的繁榮歸因於供給經濟學的政策組合。

1962 — 1965 年，營業稅和個人所得稅都被削減，這一政策刺激了經濟成長。雖然當時孟岱爾在學術上開始嶄露頭角，也提出了政策組合，但是畢竟他才 29 歲，距離決策層還很遙遠，沒有人會將政策效果與他連繫在一起。

但是到了 1965 年，詹森總統提出雄心勃勃的「大社會」計畫，並試圖增加稅收。1965 年到 1969 年，聯邦支出總共增加 55%，每年增加 11%，而在此之前的三年裡每年支出僅增加 2%。

詹森總統試圖讓聯準會為財政部買單，但他起初並沒有把握，畢竟按照聯邦法律，聯準會主席不會聽命於他。

這一年，聯準會主席馬丁（William McChesney Martin）提高了利率。詹森把他叫到了「一間柴房」，向他說明為什麼聯準會要按總統的吩咐去做。

美國供給側革命

馬丁回去後完全照做，在他任期內，聯邦基金利率幾乎就沒有跑贏不斷上漲的通膨率。

後來，聯準會歷史專家、經濟學家亞蘭·H·梅爾澤揭了自1951年就主持聯準會的馬丁的老底。馬丁以自己的學術人格揭示了一個似是而非的「事實」：聯準會是聯邦政府的內部部門，是政府意願的執行者。

「聯準會必須想辦法補貼預算赤字。國會和行政部門設定預算，聯準會就成了國會的代理人。他（馬丁）認為不大幅提高利率就沒辦法補貼赤字。」梅爾澤說道。

詹森的「大社會」計畫和對越戰爭，大大拖累了政府財政預算、稅收的增加，醞釀了1970年代的滯脹危機。

拉弗則從理論淵源上為供給面學派背書。拉弗認為，供給面學派是對古典主義經濟學傳統理論的推演。他告訴貝利：「賽伊法則……就是你的信仰。」

賽伊（Jean-Baptiste Say）認為，供給決定需求，企業只生產市場需要的產品。新產品漲價，舊產品自然降價，如此平衡，可以實現無通膨成長。

供給面學派提出了「回到賽伊」的口號。

相對地，奧地利學派和古典主義認祖歸宗都相當有高度：前者找到了天主教思想，古希臘、古羅馬以及西班牙黃金時代的經院哲學家；後者則找到了基督教（新教）思想和牛頓（Isaac Newton）的宇宙觀。

足以看出，供給面學派在理論修為、學術方法、系統建構方面遠遜於奧地利學派和古典主義。

孟岱爾和拉弗師徒二人還確立了供給面學派的粗淺框架，共同拿出了

> 觀歷史

一份治理滯脹的方案。但孟岱爾依然長期游離於學院派之外，就像經濟學界的「滄海遺珠」。

幸運的是，這枚寶貴的「遺珠」被萬尼斯基發現。

04 「正是減稅好時節」

1974 年 5 月，拉弗與萬尼斯基一同參加了美國企業協會舉辦的一場通膨峰會，與會者都是當時經濟學界的翹楚，當然也包括孟岱爾。

會上，孟岱爾再次重申了他的經濟政策：「石油收入確實累積得很快，但它回流到國際資本市場的速度也同樣很快，而且還容易造成融資規模擴大。」

孟岱爾沒有明確回答的問題是，龐大的石油收入是否會很快流入西方銀行和投資帳戶並投入生產。

他無法保證這一點，當時美元貶值壓力越來越大，大量資本外逃，美元在國際上的地位越來越低，許多歐洲人像拒絕空氣幣一樣拒絕美元。

在倫敦，一位來自紐約的旅客說：「這裡的銀行、旅館、商店都一樣，他們看到我們手裡的美元時流露出的神情，好像這些美元攜帶著病菌一樣。」在巴黎，計程車上掛著「不再接受美元」的牌子，甚至乞丐也在自己的帽子上寫著「不要美元」。

孟岱爾認為，問題在於西方國家的投資環境不好，主要是稅率太高。他說：「如果減稅，沒錯，就是減稅，流入阿拉伯的所有石油收入，就能轉化為西方世界的實際投資和擴張。」[19] 在這次大會上，拉弗也發表了演

---

[19] 布萊恩・多米特諾維奇：《供給側革命》，朱冠東、李煒嬌譯。

說,並將萬尼斯基介紹給孟岱爾,萬尼斯基第一次見到孟岱爾,就將其當作圖騰一樣來崇拜。

會後,三個人約好一起討論。正在拉弗和孟岱爾侃侃而談時,萬尼斯基的新聞天賦爆發,他閉嘴聆聽,同時拿起畫筆畫出了這兩位經濟學家。幾個星期後,這幅略帶倉促草率的畫刊登在了《華爾街日報》社論版。

此後,萬尼斯基、拉弗、孟岱爾三人經常聚在邁克 1 號,另外還有貝利以及其他一批常客。萬尼斯基積極操辦聚會,專心聽講、記錄,時不時提出一些問題。萬尼斯基的好問、好學以及天賦,逐漸使其成為一名專業的「媒體經濟學家」。

1974 年 12 月,在插入這幅畫之後,萬尼斯基推出了屬於他的專欄——「華爾街日報經濟學」,用了一個應景而吸引人的標題「正是減稅好時節」。

「正是減稅好時節」系列文章,闡述了過去幾個月內從孟岱爾那裡學到的東西,每篇文章都由孟岱爾檢查並校對之後才發表。

聰明的萬尼斯基在短時間內吸收了孟岱爾自 1961 年以來關於政策組合的理論,並憑藉其天才般的春秋筆法,很快將孟岱爾的主張以淺顯易懂、邏輯清晰的方式告知廣大讀者。

其中一篇文章寫道,「美國稅收水準已阻礙了經濟成長……國家經濟被稅收扼住了咽喉——它窒息了」,「為了阻止通膨,你需要增加而不是減少商品」。

萬尼斯基的「正是減稅好時節」完美地總結了孟岱爾的政策方案,告訴美國人:以減稅刺激「生產」積極性;以貨幣政策收緊美元供應,以減稅確保人們持有更為稀缺且價值因此升高的美元;觀察外資在減稅下的反應,調節貨幣緊縮的效果。

觀歷史

供給面學派依靠孟岱爾這位大師，教出了一位「執行長」（拉弗）、一群政府政策制定及執行官，當然還包括兩位「媒體經濟學家」（萬尼斯基、貝利）。

1974 年秋，萬尼斯基把從孟岱爾那裡學來的東西傾囊告知貝利。而執著於預算平衡的貝利，一直對政府預算赤字表示憂慮。邁克 1 號聚會最大的價值就是轉變了貝利的思想，在邁克 1 號喝下無數杯馬丁尼後，貝利逐漸皈依供給面學派，並於 1977 年 1 月寫下了〈凱因斯已死〉的社論。

自此，貝利控制的《華爾街日報》社論版開始毫無顧忌地「鼓吹」供給面學派。在邁克 1 號，孟岱爾的表現擄獲了一群鐵粉，而在《華爾街日報》上，每週都有 200 萬的讀者在閱讀「正是減稅好時節」：

「如果不減稅，政府的赤字可能會更大。」

「減稅造成的財政赤字，可以透過吸引國際資本來彌補。」

萬尼斯基反覆教導讀者：美國人希望藉大宗商品避險，熬過通膨，而國外投資者希望藉助美元熬過通膨。只要美元升值，強大起來，「全世界將會瘋狂搶購以美元計價的資產，特別是美國財政部債券。這樣國內流動性問題和財政赤字問題自然迎刃而解」。

文章發表後，「正是減稅好時節」回饋如潮。到了 1975 年春，孟岱爾的政策組合已在華爾街金融圈中口口相傳。所以，自「正是減稅好時節」開始，《華爾街日報》在全美掀起了一股供給側思潮。到了 1980 年代，不少年輕學者都加入了這場運動中，並以「供給經濟學」之名發表自己的主張，供給經濟學及這群老饕名聲大噪。

萬尼斯基天生為大場面而生，他猶如打了興奮劑，心潮澎湃，熱情四射，打算趁熱打鐵，在歐文・克里斯托（Irving Kristol）的《公共利益》上

推出了一篇加長版的「正是減稅好時節」，來為這個系列壓軸。這篇文章以優美的文風，展現了孟岱爾和拉弗兩位經濟學家的主張，標題為「孟岱爾－拉弗假設」。

「美國正在經歷一場經濟噩夢。」萬尼斯基開篇就對官方的經濟政策及智囊進行了一番聲討，「美國的頂級經濟學家們口口聲聲要對經濟進行『精準調控』……很明顯，學界一直與經濟一樣置身於危機之中。」[20]

「六年裡，尼克森將劍橋和芝加哥的經濟醫生們開出的所有抗體一股腦全部注入了抽搐的經濟病體，然而生命體徵卻一再惡化。尼克森先生成了凱因斯主義者，『完全就業』預算就此成立。赤字既是蓄謀，也是意外。」

「招數使盡，很多人開始疑惑：病情是否真的那麼重？藥方又是否加重了病情？」[21]

萬尼斯基似乎感知到，孟岱爾、拉弗、貝利，還有他，當然也包括其他老饕，正在用輿論的力量，掀起一場未知的革命。

05 「餐巾紙曲線」

1974 年，正是邁克 1 號聚會開始之時，國會這些頑固幕僚居然開始鬆動，要推行減稅。一名退役的職業足球球員傑克·肯普（Jack Kemp）——年輕的國會議員，提出了一項減稅議案。當時國會幕僚保爾·克萊格·羅伯特負責該議案的修改。

拉弗和貝利意識到：必須盡快行動，爭取盟友，打入內部。

---

[20] 布萊恩·多米特諾維奇：《供給側革命》，朱冠東、李煒嬌譯。
[21] 布萊恩·多米特諾維奇：《供給側革命》，朱冠東、李煒嬌譯。

觀歷史

萬尼斯基在發表「正是減稅好時節」幾個月前，已經開始策劃行動。

他八面玲瓏、耳目眾多，與福特總統的幕僚唐納·倫斯斐（Donald Rumsfeld）及其副手迪克·錢尼（Dick Cheney）來往甚密。

8月，福特總統入主白宮後便被凶猛的滯脹搞得焦頭爛額，而3個月後將面臨國會選舉。萬尼斯基意識到機會來了，他找到倫斯斐說，自己有一計可助總統先生贏得國會選舉。

但是，忙得不可開交的倫斯斐沒把萬尼斯基的話放在心上。直到國會選舉大敗而歸之後，他才想起了萬尼斯基。12月，倫斯斐授意錢尼來到距離財政部兩條街之遙的兩大洲餐廳，會見萬尼斯基和拉弗。

倫斯斐早在尼克森擔任總統時期就認識拉弗，並稱讚他為「天才」。倫斯斐向萬尼斯基保證：「你們儘管大膽向錢尼提出方案，我會一字不漏地轉告給總統先生。」

在兩大洲餐廳裡，飯局過半，拉弗一直反覆地強調政府需要減稅。但是，錢尼並沒覺得有什麼新奇之處。他說：「總統已經計劃減稅，具體辦法是向納稅人一次性郵寄退稅支票，數額或為100美元。」

拉弗打斷了錢尼：「不是退稅支票，而是降低稅率。」

錢尼說：「降低稅率，政府財政收入會減少，風險太大。」

拉弗立即否定了錢尼的主張：「降低稅率不會減少財政收入，還會帶來更多收入。」

看到錢尼似懂非懂、一臉茫然，著急的拉弗拿起吧檯的一張餐巾紙，掏出鋼筆畫了「半個麥當勞曲線」（據貝利所述），豎軸是稅率，橫軸是財政收入。

拉弗指著餐巾紙說：「如果稅率過高，超過頂點，財政收入就會減少；

降低稅率，收入反而會增加。」

這就是著名的「拉弗曲線事件」。

然而，這次會面後不久，福特政府很快向納稅人寄出了退稅支票。顯然，拉弗和萬尼斯基的想法落空了。

此時，只有兩個人見過「拉弗曲線」。

直到 4 年之後，萬尼斯基在他的暢銷書《世界如何運轉》(*The Way the World Works*) 中，以濃墨重彩的筆法精采地描述了這段故事，「拉弗曲線」才為世人所知。

這是供給面學派唯一的著名歷史事件。

但這件事情，讓拉弗極為懊惱和難堪。全美都從萬尼斯基的書中看到了拉弗當時的舉動，經濟學家們因此將「拉弗曲線」諷刺為「餐巾紙曲線」，以說明其理論的膚淺。反對者經常將「餐巾紙曲線」界定為供給面學派的誕生象徵，以說明這個學派的經驗主義。

拉弗回憶說，我不知道我是否失禮了，是否弄髒了兩大洲餐廳的可愛餐布，以此來表達心中的無奈。

此次失利後，減稅法案經過國會幾番辯論，獲得了一些年輕議員的支持，這也促使負責修改法案的年僅 35 歲的羅伯特聲名鵲起，知名度很快超過孟岱爾和拉弗。

但是，不論是當時學院派經濟學家，還是白宮、國會，都不支持大減稅。供給面學派的主張，距離核心決策層還很遙遠。

不過，可喜的是，透過《華爾街日報》的宣傳，越來越多的人（包括國會成員）接受了供給面學派的主張，至少是減稅主張。

> 觀歷史

　　到了 1976 年 3 月，大約有 200 位「供給側財政主義者」，除了邁克 1 號裡的那群人外，還包括公共選擇學派創始人布坎南。另外，國會山上還有幾十個「信徒」，他們逐漸形成了一小股「減稅勢力」，其中為首的是肯普議員。

　　3 月 15 日，「肯普法案」在國會中已經獲得 106 人支持。

06 「一蹶不振」

　　1977 年 1 月 20 日，吉米・卡特入主白宮擔任總統。

　　但是，卡特總統執政這幾年，美國經濟堪稱災難。

　　1978 年，通貨膨脹率為 8%，失業率為 6%，經濟失調指數為 14%；1979 年通膨率升至 11%，失業率為 6%，經濟失調指數升至 17%；1980 年通膨率升至 14%，失業率升至 7%，經濟失調指數高達 21%。

　　1977 － 1979 年，預算赤字在 400 億～ 600 億美元，1980 年則高達 740 億美元。

　　根據羅伯茨當時所言，經財政部證實，通膨率每 10 個點能夠為政府帶來 16.5% 的收益增加。但是，如此之高的通膨率，都無法彌補財政赤字，債券市場瀕臨崩潰。

　　1980 年 2 月，貝利在《華爾街日報》社論版寫道：「債券商裸露的傷口將華爾街變成了一條血色的河流。」、「交易員通常認為極其緩慢變動的債券價格目前正處於『自由下墜』的過程中……這是自大蕭條以來首次出現的情形。」

　　當時賣得最好的書都是災難來臨的書籍，最暢銷的如霍華德・J・拉

夫的《如何在即將到來的災年實現繁榮》(1979年)、道格拉斯·R·凱西的《危機投資：在即將到來的經濟大蕭條中會出現機會和利潤》(1980年)，都預言大蕭條「即將到來」。

1978年，國民的耐心被陰魂不散的通膨和無所作為的政府磨光了。卡特總統無奈地簽署了一份支持減稅的《稅收法案》，削減了增值稅稅率。

同時，芝加哥學派領袖羅伯特·E·盧卡斯（Robert E. Lucas Jr.）在一次著名的演講中對傳統經濟學做了深刻的反思：當前商界學者面臨的任務是整理經濟災難留下的殘骸，然後判斷在「凱因斯革命」這一著名的學術事件中，哪些是可以保留和派上用場的，哪些又是必須拋棄的。

1979年7月15日，卡特發表了著名演講——〈一蹶不振〉。

「總統先生，我們日子難熬。我們只想談血汗和淚水。」

卡特在演講中如此陳述民眾意見。

「我們對（石油進口）的過度依賴，已經極大地損害了我們的國家和國民。」

「這就是我們現在面對的通貨膨脹和失業狀況加劇的原因。這種對國外石油的過分依賴，威脅著我們在經濟上的獨立性以及國家的重大安全。」

卡特將通膨歸結於國民過度消費和過度貪婪，以至於嚴重依賴石油，才被阿拉伯人牽著鼻子走。整個1970年代，美國聯邦政府都在告誡人們，要縮減需求、節制消費。

〈一蹶不振〉演講結束4天之後，卡特要求整個內閣13名成員全部辭職，這是歷史上前所未有的美國總統對高層的洗牌。

清理完「不聽話」的團隊成員，卡特急於招兵買馬，他首先找到了聯

> 觀歷史

準會主席威廉・米勒（G. William Miller）來擔任財政部部長。

如此一來，便需要立即找一個聯準會主席人選。身邊的財政部副部長安東尼・所羅門（Anthony M. Solomon）向總統推薦保羅・沃克，但總統的回答是：「保羅・沃克是誰？」

沃克是一個身高 6 英尺 7 英寸的大個子，時任紐約聯邦儲備銀行主席，是一位出色的華爾街金融家；曾在尼克森任總統時期任財政部副部長，推動尼克森總統宣布美元與黃金脫鉤，導致布列敦森林制度解體。

1979 年 7 月 24 日，沃克受邀到白宮會見卡特總統。在一個小時的會面過程中，大部分的時間都是沃克在講話。離開白宮之後，沃克對自己說，「他永遠不會把這個職位給我」，但沒想到第二天，卡特親自打電話要沃克就任這個職位。

卡特為什麼選擇沃克，至今仍是個謎。卡特的回憶錄《忠於信仰》（Keeping Faith）對這一「代表性措施」一字未提。只是從〈一蹶不振〉中可以看出，他在任的日子裡一直渴望「美元的聲音」更加非同凡響。

沃克不受任何理論約束，不屬於貨幣主義，也不屬於供給面學派，他堅持實用主義，且以手腕強硬著稱。上任第一個月，在聯準會內部，沃克提高利息率的方案以 4：3 獲得通過。1979 年底，隨著通膨強勢延續，國際社會對美國的聲討接踵而至，聯儲成員全票贊同「立即升息」。

當時，美國通貨膨脹率創下了歷史紀錄，且依然凶猛上竄。沃克第一次「小試牛刀」，發現市場沒有反應。

1979 年 11 月，就在國會選舉的兩週前，通膨「老虎」以驚人的速度往上竄，在十萬火急之時，卡特透過電視發表全國演說，強調將透過行業價格及薪資管制來應對「大通膨」，而減稅只能居於次席。

事實上，卡特在這一年忙於調解勞資糾紛，而貝利則批判這一政策的愚蠢（〈樹倒猢猻散〉），獲得了普立茲獎。

1980 年，孤注一擲的沃克一口氣將聯邦基準利率提高到 12.5%。

沃克在回憶這段歷史時曾說過：「如果 1979 年以前有人告訴我，我會當上聯準會主席並且把利率提升到 20%，我肯定會鑿個洞鑽進去大哭一場。」

07 關鍵年：1980 年

1980 年是關鍵的一年。

當時，經濟學界、國會、白宮接受了減稅主張，供給面學派具有了相當的影響力和感召力。拉弗、貝利提前就已謀劃扶持供給面學派成員參與這一年的總統大選。

不過，1978 年 12 月，斯泰格爾的離世讓供給面學派方寸大亂。

無奈之下，他們只能將肯普推向前臺，讓其攜《肯普－羅斯法案》，角逐總統職位。

但是很快，肯普就放棄了。老布希、雷根、康納利（Connally）和安德森都試圖參加競爭，肯普知難而退。

為了能夠在白宮最高決策層中占有一席之地，拉弗心生一計，決心輔佐雷根上臺，並讓肯普擔任副總統。

於是，拉弗設了一個局，在洛杉磯的家裡舉行了一場聚會，請了雷根、肯普以及一些朋友來吃飯。飯後，拉弗支開眾人，讓肯普和雷根兩個人留在小屋子裡。

觀歷史

「先生，我很欣賞你。我的目光始終追隨著你。你是我心目中的英雄，是我行動的榜樣，甚至是我生命般的存在。先生，我想說的是，我將參加競選，我會命令在此期間爭取到的所有議員，在選舉日到來之時為你投上一票。」

「傑克（肯普），到時你得這麼說。」拉弗提前再三叮囑肯普。

雷根和肯普在小屋子裡只待了不到半個小時就出來了。

「傑克，你按照我說的那樣做了嗎？」

「哦，沒有，阿瑟。我說不出來。我只是告訴他，我絕對不會對他不利。我會盡一切努力支持他。」

「傑克，你當不上副總統了。他不會選一個膽小鬼擔任自己的副總統⋯⋯他怎麼會和一個沒有鬥志的人共事呢？」拉弗非常懊惱，壓抑著心中的怒火。

當然，拉弗不會放棄雷根，實際上二人淵源頗深——當年拉弗還在史丹佛大學讀研究生時，就預言雷根會當選加州州長，後來的事情正如拉弗所料。經過拉弗的努力，他成為雷根的好友。

雷根也絕對不會放棄肯普及供給面學派的助力。他的競選經理人約翰・西爾斯早就發現了《肯普－羅斯法案》對選民的吸引力。

1979年1月，肯普提交的《肯普－羅斯法案》獲得了國會通過。通過後，羅斯像一位來到幼兒園的喜盈盈的父親一樣，掏出雪茄分給各位同事和員工。肯普在「鐵鏽地帶」、西部都具有了相當的名義支持率。

西爾斯努力將雷根貼上供給面學派的標籤，並以肯普方案作為競選施政綱領的核心。雷根每一次競選演講，第一個說的就是減稅。

但是，其競爭對手老布希則諷刺雷根沉迷於「巫術經濟學」（供給經濟

學）；卡特總統仍然拒絕以減稅作為自己的首選主張。

1980年11月4日，雷根以大眾投票10個點以及選舉團440票的壓倒性優勢，擊敗了卡特、老布希，成功當選總統。

競選成功後，雷根讓洛杉磯大獵頭彭德爾頓·詹姆斯在過渡期間幫其招募團隊。

按理說，憑藉拉弗與雷根的私交，以及《肯普－羅斯法案》，雷根核心團隊成員應該少不了供給面學派。

但是，萬尼斯基做了一件讓供給面學派所有努力幾近毀於一旦的蠢事。

1980年4月，正值總統競選激烈緊張之時，萬尼斯基被《鄉村之聲》設套，發表了不當言論，幾乎讓雷根對整個供給面學派失去了信任。

在這次採訪中，萬尼斯基說，雷根得依靠肯普才敢參加競選活動。記者問：「你是極端分子嗎？」他回答：「我們都是。」他甚至還說，《肯普－羅斯法案》的構思是他的功勞。

拉弗、羅伯茨以及雷根團隊都極為氣憤。「《鄉村之聲》事件」後，供給面學派逐漸疏遠了萬尼斯基，直到他2005年去世。他也就此失去了加入雷根團隊的資格。

在戰鬥最關鍵時刻，大將身負重傷，令人很是懊惱……「這真是太糟糕了，萬尼斯基曾經為知識革命的經濟方面做出了如此大的貢獻，使其開始擴展到全美乃至全世界其他國家和地區。」雷根團隊核心成員安德森非常遺憾地說。

羅伯茨曾經告誡萬尼斯基，他的所作所為可能會威脅到供給面學派在國會中的地位：「你所有的想法，都充斥著過多19世紀的浪漫情懷。」而萬尼斯基卻反擊說：「我們會將你獻祭給革命事業。」

> 觀歷史

這就是萬尼斯基作為革命者的偏執與狂熱。

不過，萬尼斯基顯然不會就此罷休，為了保持影響力，他組織成立了「影子內閣委員會」，主要目標是支持萊爾曼擔任財政部部長。

08 雷根計畫

詹姆斯擬了一份考察名單，其中供給面學派的熱門人物萊爾曼是財政部重要職位的候選人。

為了爭取機會，萊爾曼立即寫了一封信交給肯普以及肯普在眾議院中最值得信賴的盟友斯托克曼（David Stockman）（供給面學派）。萊爾曼在信中直截了當地指出，當所有人的目光都放在減稅上時，美國最糟糕的地方卻在金融市場——股票、債務和信貸市場正處於即將崩潰的狀態。建議新任總統盡快採取一切行動，避免國家陷入金融災難之中。

這封信讓斯托克曼大受啟發。不久，雷根經濟顧問團隊首次在洛杉磯召開會議，斯托克曼立即寫了一篇文章，讓肯普複印數份分發給會場上每一個成員。這篇文章的標題觸動人心——〈避免敦克爾克式經濟〉。文章指出，如果不像當年英國人一樣撤退，盡快讓通膨消失，金融市場將面臨崩盤的危險。此時，距離雷根總統任職不到 10 週。

斯托克曼說道：「雷根總統將面對完全失序的信貸及資本市場，不僅利息率高得嚇人，會對經濟政策信號反應強烈的市場心理也一觸即發。」

文章最後還提出政府應該立即全面且廣泛開放監管政策：「立即終止這一切，包括 1981 年乘用車尾氣排放標準……未經證實的 5mph[22] 保險槓

---

[22] mph 全稱是 mile per hour，是速度計量單位，表示英里／小時，俗稱「邁」，1 邁 = 1.609344 公里／小時。

標準……柴油顆粒標準……汽車噪音標準……永久性終止。」

斯托克曼還表示，政府要在 1981 年削減 500 億美元開支。

在場的經濟顧問一致認為，斯托克曼和肯普並非危言聳聽。事實上，通膨已經失控，金融危機陰影重重。肯普散發的斯托克曼這篇文章，在相當程度上為供給面學派爭取到了進入雷根團隊的機會。

感恩節當天，也是這次會議結束的 11 天之後，雷根邀請斯托克曼到財政部預算辦公室。

斯托克曼立即組建經濟預測團隊，其中財政部任命的供給面學派成員有圖瑞、羅伯茨、史蒂芬・恩廷等，他們也是預測團隊的非正式顧問。為了鞏固該團隊，斯托克曼招募了一位新人——年僅 32 歲的約翰・拉特里奇（John Rutledge）。

拉特里奇才華橫溢，擅長計量經濟學模型，深受孟岱爾的影響，並逐漸成為一名供給面學派的擁護者。

很快，拉特里奇根據孟岱爾－弗萊明模型建構了「供給面學派熱力學」模型。在這個模型中，拉特里奇預測，緊縮貨幣和減稅政策將促使新的資本進入市場，「大約數兆美元的資產轉入債券、證券和股票市場」，這樣通膨就會消失，緊縮問題也將得以解決，真實貨幣需求再擴大，也挽救了資本市場，甚至可能迎來大牛市。

拉特里奇將其概括為「美好場景」。

實際上，拉特里奇模型是孟岱爾以及供給面學派理論最為詳實的學術論證。後來的歷史證明，這位年僅 32 歲的新星確實預測到了 1980、1990 年代那場氣勢恢宏的大牛市。

但是在當時，也就是 1981 年一、二月分，事情並沒有朝著拉特里奇

> 觀歷史

所說的「美好場景」發展。相反,過高的失業率、糟糕的金融市場,尤其是快速擴大的財政赤字,讓與會者對供給面學派模型的信心發生了動搖。

「在那個決定性的晚餐會議上」,與會者們手上拿著各項資料,其中一項是「可怕的赤字」。作為財政部官員的斯托克曼等,或許可以接受高失業率,但是無法接受如此龐大的財政虧空。而拉特里奇只建模型,無法預測,更無法保證政府財政不會崩潰。

理論體系的不成熟導致供給面學派走到權力與政策的門口時開始分裂,不久之後,拉特里奇離開了財政部,回到了加州。

「那是最後的晚餐。」貝利回憶稱。

這就意味著,供給面學派的純理論在政策實際及權力抉擇面前不斷被打折扣。

1981年3月,斯托克曼-韋登鮑姆預測替代了拉特里奇模型,成為雷根計畫的減稅政策核心。

涵蓋10-10-10邊際所得稅削減、自由折舊、限制監管、預算限制以及緊縮貨幣政策的《經濟復甦和稅收法案》逐漸浮出水面。它預測1986年,減稅政策的執行將造成1,620億美元的收益減少。這一差額由削減開支、經濟成長、儲蓄增加和資本回流來填補。

華盛頓媒體稱之為「美好場景」。但是,羅伯茨並不看好這一場景,認為「這種誇張的政策,是一種不負責任的表現」。羅伯茨也明白,這裡面是許多利益博弈、糾纏的結果。

斯托克曼在他的回憶錄《政治的勝利》(The Triumph of Politics)一書中,對此頗有影射:

「基礎框架基本上是一小撮理論家搭建起來的,羅伯茨、圖瑞、恩

廷負責每一方面的工作,萬尼斯基、拉弗、肯普以及萊爾曼都參與進來了……當時大家都是革命者,包括我自己在內,根據供給面學派發起的革命進行預測。不能怪到任何人頭上。」

實際上,供給面學派在雷根計畫中的作用並沒有想像中那麼大,《雷根減稅法案》與《肯普－羅斯法案》相去甚遠。葛林斯潘等經濟常委才是在雷根計畫中發揮了重要作用的人。這群老道的預測者並不相信通膨會立即消失,對財政赤字的容忍有限。

對於供給面學派來說,雷根是唯一的選項,但對於雷根來說,供給面學派只是可選項。

雷根競選成功後,超過 70 位主要經濟顧問為其效勞,其中包括「八大領軍人物」,他們分別是大名鼎鼎的傅利曼、西蒙、葛林斯潘、保羅·麥克拉肯、阿瑟·伯恩斯（Arthur F. Burns）、喬治·舒茲（George Shultz）、卡斯帕·溫伯格（Caspar Weinberger）以及默里·韋登鮑姆。他們都是傳統經濟學家,且負責主持各任務小組,每天都在對主要經濟問題進行處理。

卡特競選的策略是集中炮火攻擊雷根計畫中的減稅方案,他指責減稅導致通貨膨脹,稱之為「肯普－羅斯通貨膨脹」。後來,這些領軍人物更相信卡特的判斷,而不是供給面學派。

後來事實正如拉弗所料,「前演員明星看不上前足球運動員」,雷根任命老布希作為副總統,而放棄了肯普,並很快任命了曾經擔任美林證券 CEO 十餘年、華爾街經驗豐富的金融家雷根（Donald Regan）擔任財政部部長,而不是萊爾曼。

供給面學派,其實並未真正進入雷根團隊的決策層。

1981 年 3 月 30 日中午,一名叫約翰·欣克利（John Hinckley Jr.）的

> 觀歷史

歹徒將左輪手槍對準了華盛頓希爾頓飯店外的雷根。雷根肺部中槍，所幸救治及時而快速恢復。

這場失敗的暗殺行動為雷根帶來了極大的民意同情和政治資本。

7月27日，雷根在電視上演講，為減稅方案造勢。在演講中，他身後是一幅大的圖表，直覺地告訴市民，新稅法執行後人們會得到什麼利益。這一圖表的製作者恩廷在電視機前看到雷根演講時，異常興奮。

8月4日，國會參眾兩院通過了《經濟復甦和稅收法案》。13日，雷根在他位於加州的農場裡簽署了這部法案。

但是，在《經濟復甦和稅收法案》生效之後一年，美國經濟經歷了自大蕭條以來最糟糕的時期。最壞的消息是該死的菲利浦曲線又重現江湖，降低了14個點的通膨，換回了3個點的失業，失業率飆升到9.7%，經濟失調指數高達21，聯邦利率達21%。

這一年，國內勞工失業人數達1,100萬人次，其中「鐵鏽地帶」的鋼鐵工人失業情況最為嚴重。實際上，至此，東北亞——五大湖工業區注定成為悲劇，「鐵鏽地帶」的破敗不堪與華爾街的紙醉金迷，成為美國社會近30多年來最明顯的裂痕。

但是，真正震驚雷根團隊的是驚人的政府赤字。在1981年9月，政府財政赤字高達790億美元，超過了卡特時期最糟糕的赤字狀況，政府遭到了外界的嚴厲批判。

隨後，雷根政府發起了「九月進攻」行動。這次行動讓供給面學派跌破眼鏡，雷根政府一改競選時削減支出的態度。他在電視演講中稱：「我們都知道，如果政府不再大肆舉債以彌補赤字，利息率只會呈下降趨勢並且保持該趨勢。」

雷根在之前的預算削減計畫中，排除了國防開支。這一次，他以國防部需要 130 億美元（籌謀星戰計畫）為由，要求增加稅收。他對外公開說：「我將很快督促國會通過新的議案，以消除對稅法的濫用以及過時的激勵政策。」

這就意味著，減稅法案還沒真正實施，雷根已經開啟了他的第二計畫。這或許是雷根自己都始料未及的，抑或是政治的一部分。

雷根團隊裡的葛林斯潘、伯恩斯、沃克都支持透過減少稅收來減少赤字，而不是鉅額赤字貨幣化。

1982 年堪稱「庸醫年」。供給面學派部分成員已經失去了信心，羅伯特辭去了財政部部長助理一職。

在告別詞中，他說：「此次經濟衰退始於 1981 年的下半年……由於其被稱作雷根經濟政策，這一經濟學說的試驗最終失敗可能演變為重要的歷史事件。這是一種對荒唐情形的誤讀。」

9 月，《稅收公平與財稅責任法》獲得通過，造就了美國歷史上最大的稅收增加。這一法案令圖瑞感到屈辱而辭去了財政部副部長一職。此後，財政部中唯二確定的純供給面學派人士只有恩廷和副助理部長曼紐爾‧詹森了。

雷根剛入主白宮時，請了一批經濟學家來講課，第一個便是拉弗。當拉弗說到「稅率高於某一值時，人們就不願意工作」時，雷根興奮地站起來說：「對，就是這樣。在第二次大戰期間，我正在『大錢幣』公司當電影演員……拍完了四部電影後我們就不工作了，到國外旅遊去。」

而「九月行動」之後，拉弗一直懷疑雷根是否想真正全面減稅，或者只是想幫富人減稅。拉弗還因此向雷根抱怨，遭到了後者的責罵。

觀歷史

09 「現在的問題是貨幣」

1981年8月4日，就在國會參眾兩院通過《經濟復甦和稅收法案》的當天，萬尼斯基馬不停蹄地趕往白宮，並將一份5頁紙的文件交給雷根團隊核心成員安德森。在這份材料上還訂了一張便條：「謹祝獲得稅法方面的光輝成就！」

在「《鄉村之聲》事件」之後，不甘失敗的萬尼斯基依然保持著在華爾街練就的敏銳。萬尼斯基深得孟岱爾的真傳，他非常清楚政府下一步該做什麼。

這篇文章的標題為〈現在的問題是貨幣〉。他反覆對安德森說：「現在的問題是貨幣。」臨走時，萬尼斯基叮囑安德森：「請務必找時間讀完這篇文章，要了解供給面學派在貨幣方面的討論，（這一點）非常重要。」

萬尼斯基宣稱，供給面學派的目標不會低於雷根政府（以及聯準會）的承諾，將走上一條通往美元可兌換的道路。

此時，抗擊通膨已經到了關鍵時刻，沃克一鼓作氣將利率加到驚人的22%，通貨膨脹倉皇而逃，CPI大跌10個百分點。1982年第一季，價格年度成長率僅為2.1%，全年為6.2%，結束了連續3年兩位數的通貨膨脹，這也是雷根計畫獲得的第一個代表性成就。

「房地產公司的老闆們每天都來拜訪我，」沃克回憶道，「他們不停地詢問這一切何時才能結束。」另一個利益受損的族群是美國農民，還不起貸款的農民們將卡車開進華盛頓，堵在聯準會總部的門口，咒罵沃克的信件雪片般飛來。

沃克以一種「與世界為敵」的勇氣和手段，將困擾美國十年之久的通

膨打壓了下去，不愧是美利堅的英雄，被人們稱讚為「最偉大的聯準會主席」。葛林斯潘則讚譽沃克為「過去二十年裡美國經濟活力之父」。

但是，沃克的成功應該歸功於孟岱爾領導的供給面學派，還是傅利曼領導的貨幣主義？

1973年，貨幣主義權威艾倫·梅爾澤成立了影子公開市場委員會。這個團體由12名貨幣主義權威組成，每年就當前的聯準會和白宮經濟動向討論兩次。

1978年，國會通過了《漢弗萊－霍金斯法案》，要求聯準會照顧就業率目標。

此時，邁克1號聚會已轉移到萊爾曼研究所，研究主題發生了變化，從減稅轉向了貨幣政策。

孟岱爾認為，聯準會一直有一個錯誤的觀念，即除了穩定價格外還要干預經濟。孟岱爾希望聯準會變得簡單，只維持價格穩定即可（大拇指法則），不需要照顧就業率目標，否則會有極大的麻煩。

孟岱爾批評，貨幣主義最大的問題是失去了對物價的控制，反而關注貨幣總量。

實際上，早在芝加哥大學時期，孟岱爾與傅利曼就針對這個問題進行了無數次的辯論。傅利曼欣賞孟岱爾的創意但不認同其主張，孟岱爾則視傅利曼為偶像但堅持己見。

爭論的核心在於：貨幣政策目標到底是貨幣總量，還是物價穩定？

傅利曼推動聯準會從利率目標轉向數量目標，但是問題在於，當時大量的資金從銀行流出然後注入大宗商品、土地、耐用品等，聯準會根本不知道市場上到底需要多少貨幣，或者說需要多少真實的貨幣。

觀歷史

　　真實貨幣需求像球體的實心，不真實需求是覆蓋在實心上的泡沫。在通膨時期，民眾試圖獲得更多貸款以抗擊貨幣貶值，貨幣需求量不斷增加。而新增加的貨幣需求並非真實的需求，更多的是炒作資金，原本實心的部分也更多流入金融空轉。這樣一來，如果通膨加劇，實心不斷收縮，球體不斷膨脹，將加劇金融空轉，導致泡沫崩潰。

　　事實上，要了解貨幣市場的真實需求量非常困難，大量資金用於投機炒作、金融空轉，而不是實體投資或商品交易。

　　問題的關鍵是把「多餘」的貨幣去掉，擴大實心，減少不真實的需求，脫虛向實。

　　按照傅利曼的做法，根本無法分清哪些是真實的需求、哪些是不真實的需求。斷然提高利率或減少貨幣供應這種暴力去槓桿的辦法，只會把好槓桿和壞槓桿同時去掉。貨幣緊縮，也會加劇實體縮小趨勢，導致一些好槓桿因資產規模縮小而陷入債務螺旋。

　　孟岱爾根據「大拇指原則」提出，聯準會只負責維持物價穩定，央行不能忙成「央媽」，也不能把「財爸」的事情給做了。但是，光依靠貨幣政策是無法實現這一目標的，需要「財爸」的配合。「財爸」減稅可以刺激經濟成長，從而彌補貨幣緊縮帶來的損失。

　　「透過減稅刺激經濟實體的成長，將引起對貸款的充分需求，實現在更高利息下的真實貨幣擴張。」

　　「實際輸出的成長引起對真實貨幣需求的增加，從而助長將真實貨幣擴張吸收進非通膨的經濟體中。」

　　萬尼斯基在那年秋天致信沃克：「你差一點點就做到了。」「你應該開始認真考慮修正自己在財政政策方面的立場，並且讓米勒做好準備，構思

出高效有序的減稅政策。」

沃克的回答則是，自己正抽出週末的時間閱讀《世界發展之路》（萬尼斯基作品）這本書。

貝利對沃克的做法表示支持，他發表社論稱：「聯準會實施的抗通膨政策，是十多年來最有希望的經濟政策，清楚地顯現出遏制通膨的決心。」

其實，關於貨幣政策，供給面學派內部此時也出現了分裂，萬尼斯基、孟岱爾、萊爾曼堅持恢復黃金本位。財政部供給面學派官員認為，聯準會奉行傅利曼的貨幣主義政策會更好。拉弗則支持沃克在聯準會的主張及工作。

孟岱爾以控制物價為目標的方法，本質上是讓市場去配置資源，而不是人為干涉供給總量。這是供給側革命的核心。

1983 年，通膨率下降至 3.2%，之後兩年均在 4% 左右，1986 年降到 1.9%。

通膨率的下降程度和速度，遠遠超過了朝野、幕僚們的預測。

此時，拉特里奇的「美好場景」開始出現：大量投資從高通膨的商品轉向股票、債券、貨幣基金等低通膨的金融資產，一場前所未有的大牛市正在拉開序幕。

1982 年 10 月，道瓊指數從 8 月的 770 漲到了 1,000，這簡直是神話般的故事。通膨水準也開始下降，同時國際資本開始大量進入美國市場。

這預示著漫長而痛苦的滯脹時代結束了嗎？

1982 年冬天，美國經濟乃至世界經濟進入歷史性的轉折點。1982 年之後 25 年間，美國經濟年成長率達 3.3%，與「二戰」後 25 年間的成長水準相當。1983 年，GDP 成長率為 4.5%，1984 年高達 7.2%，以至於統計

專家大呼經濟過熱，呼籲聯準會出手調節，1985 年為 4.1%。

桑特在《紐約書評》中如此稱讚：「雷根當選總統，意味著空中再次瀰漫如麝香般芬芳的利潤。」

就這樣，雷根大循環，莫名其妙地形成了……

10 曲終人散

美國經濟這奇蹟般的復甦，很好地詮釋了「黎明前的黑暗」這句話。這輪超級大牛市就是在最痛苦的時候開啟的，這大大超出了經濟學家的預料。

滯脹到底是怎麼消失的？經濟為什麼復甦？

貝利寫了一本書，叫《七個大肥年》。他說：「1983 年至 1989 年是『七個大肥年』，經濟失調指數下降到 10 以下。」

貝利在書中強調了帶領美國經濟在 1980 年代走向復甦的三位英雄：大學輟學者（比爾蓋茲）、另起爐灶的工程師（技術創業）和非法移民（人口）。

關於這個問題，孟岱爾最有發言權。

早在 1960 年代，孟岱爾加入布魯克林研究所後就撰寫了一些文章，並給出了答案：

「在美元標準下，美國貨幣系統就和現在一樣，每年都會生出一筆錢。」

「美國拿一部分，外國人拿一部分……也就是說，美國將部分貨幣賣到國外，反過來卻得到了真正的資源……如此一來，它就擁有了其他國家沒有的資源……也就是戴高樂（Charles de Gaulle）所說的『囂張特權』。」

「更準確說，這是美國的極大優勢。」

其實，雷根大循環是一種全球化的金融資本主義秩序，以強美元、強金融、高赤字、高債務為核心。

在這個國際性的大循環中，強美元占領了制高點，聯準會成了全球性央行，按照美國國內市場目標向世界抽取鑄幣稅。

經濟復甦之後，拉弗曲線沒有被歷史證明，而赤字成為華盛頓首要的政治問題。只要強美元，則必然高赤字。

1982年9月，聯邦赤字再次飆升至1,280億美元。1982－1989年，美國聯邦預算赤字總額累計為1.4兆美元，平均每年達1,760兆美元，是卡特政府時期的3倍多，而且沒有任何收斂的跡象。

如今，美國政府赤字已經高到嚇人的程度。

在強美元的支撐下，美國投資銀行業迅速發展，創造了大量金融衍生品，債券這一昏睡巨人覺醒，形成發達的融資市場。其中，30年期國庫長期債券成為美國政府融資的保障。

實際上，透過國際性的金融市場來調節美元配置才是這場供給側革命的核心所在。

「聯邦政府從日本借到1兆美元，然後舉辦了一場盛宴。」在1985年《廣場協議》簽訂之後，華盛頓媒體如此嘲笑道。

所以，孟岱爾無數次對他的學生說：「孟岱爾－弗萊明模型不適合開發中國家，它們沒有發達的金融市場和強勢貨幣。」

在邁克1號，貝利無數個夜晚都在問孟岱爾同一個問題：「誰來為減稅買單？」

觀歷史

孟岱爾的回答是：「沙烏地阿拉伯。」

1999 年 12 月，在斯德哥爾摩的諾貝爾獎頒獎典禮上，孟岱爾成了當晚的主角。按照慣例，他應該發表一篇「重要」演講。

「我不僅要革經濟學的命，還想革歷史的命！」

此話一出，眾人驚訝，不過下面的經濟學家們很清楚，這「很孟岱爾」。他替自己的致辭取了一個非常不謙虛的標題──「20 世紀的再審視」。

「本世紀多數政治事件均源自少有人知的國際貨幣體系混亂，而這些反過來又是美國崛起的產物，也是金融機構和聯準會犯下的錯誤。」

「如果大型中央銀行堅持價格穩定政策而不是黃金標準，就不會發生大蕭條，也不會出現納粹革命，更不會爆發第二次世界大戰。」……

孟岱爾這篇「自負」的演講，帶著批判，也帶著情緒，似乎在發洩半輩子的不滿和牢騷。

在當晚參加典禮的老相識中，除了貝利，邁克 1 號的 1970 年代老饕們還剩下誰？邁克 1 號餐廳今何在？誰還記得萬尼斯基？

或許更多的人只記得他有個長腿歌女老婆。

在這經濟學最高榮譽的頒獎盛宴上，作為主角的孟岱爾百般寂寥。何不瀟灑玩脫，縱情高歌一曲？

那就來首「故鄉的雲」+「在路上」── 他的老鄉加拿大安大略本土作詞家保羅・安卡（Paul Anka）的《我的路》（My Way）── 為自己的學術生涯，為當年的「老饕們」鳴一不平吧！

孟岱爾這一玩脫的舉動，無疑是給予供給經濟學的最高禮讚。

所有的榮光、委屈、掙扎、感慨，都在其中……貝利曾經自豪地說：

「從 1974 年開始,這個偉大國度就發揮了自我癒合的能力。」

其實,自北美開埠以來,這群清教徒一直用「傑佛遜式」的方式,敘述著同一個從「五月花號」延承下來的故事,人人都可以參與,不論你是嬉皮、「金毛獅王」、酒鬼,還是「地頭蛇」。

他們就像自組織,因國家有難或共同信念自發地走到一起,掀起一場狂熱的革命。

等曲終之時,則各自散盡。

2008 年,全球經濟危機爆發……

拉弗拄著枴杖說:「我準備拍去盔甲上的灰塵,再次重上戰場。」

■ 參考文獻

[1] 布萊恩・多米特諾維奇,供給側革命 [M],朱冠東,李煒嬌譯,2016。
[2] 米爾頓・傅利曼,詹姆斯・M・布坎南,湯瑪斯・J・薩金特,歐美經濟學家論供給側 [M],武良坤譯,2018。
[3] 艾倫・布林克利,美國史 [M],陳志傑等譯,2019。

滯脹經濟學:先抗通膨,還是先刺激經濟?

通貨膨脹不算可怕,經濟衰退也非世界末日,但滯脹是最難纏的經濟災難。

所謂滯脹,指經濟停滯或衰退、企業倒閉、大量失業,以及通貨膨

觀歷史

脹持續高漲同時並存。滯脹危機爆發，意味著市場失靈，經濟政策陷入兩難。

若單是經濟衰退或停滯，短期內可以做需求調節，透過擴張財政來增加投資需求以刺激經濟復甦；長期來看，市場也有自我調節及修復的功能。

若單是通貨膨脹，短期內可以緊縮貨幣，降低貨幣規模，壓低通貨膨脹。

若經濟停滯與通貨膨脹同時出現，市場短時間內失靈，經濟政策左右為難——如果擴張貨幣或財政以刺激經濟復甦和就業成長，會惡化通貨膨脹；如果緊縮貨幣及財政以打壓通貨膨脹，會導致經濟進一步衰退、失業增加。

人類近代歷史上爆發了百餘次經濟危機，但出現經濟持續蕭條的情況極少，著名的有1930年代的大蕭條以及1990年代的日本經濟蕭條。各國歷史上也出現過一些惡性通膨，比如「一戰」後的德國、「二戰」時期的中國以及如今的委內瑞拉。

滯脹危機的歷史則比較罕見。典型的是1970年代美國持續的滯脹危機。這場危機導致美國陷入長達十年左右的滯脹泥潭（比大蕭條的時間還長），日本、英國及西方國家也曾受此困擾。當時美國集中了一批最傑出的經濟學家，但他們面對滯脹無能為力。

尼克森、福特、卡特三任總統嘗試各種經濟政策，但都無功而返。

在大蕭條之前，經濟危機普遍源於市場失靈、供求失衡。但凱因斯主義登臺之後，經濟危機尤其是1970年代美國這場空前的滯脹危機，被認為是人為干預所致，即長期的凱因斯式的經濟政策累積的毒瘤，導致經濟停滯及通貨膨脹同時爆發。

他山之石，可以窺探反思；亡羊補牢，不如未雨綢繆。滯脹危機，病來如山倒，病去如抽絲。是時候重視物價和失業了。

01 重返美國滯脹時代

貨幣潮水來襲，衝擊了房市、股市，而後沖垮了經濟的最後一座堡壘——生活物價；經濟衰退持續，蔓延到消費、投資，而後壓斷了民眾最後的一根稻草——大眾就業。

如此，物價高漲，失業居高不下，滯脹危機爆發。

「二戰」後，美國及西方國家經濟經歷了持續的高成長，日德兩國快速復甦。在布列敦森林制度之下，國際匯率相對穩定。「二戰」後20年，西方國家基本上沒有爆發較大規模的經濟危機。

但是，到了1970年代初，美元這隻「灰犀牛」開始迎面奔來。當時聯邦財政部主管貨幣的副部長保羅·沃克，向尼克森總統遞交了一份修正布列敦森林制度的報告。

1971年，黃金價格大幅度上漲，美元貶值壓力大增，為了搶占主動權，尼克森在大衛營會議後決定關閉黃金兌換窗口，史稱「第一次尼克森衝擊」。這次衝擊導致固定匯率、剛性兌付被打破，世界金融及貨幣體系大重構。這一根本性的變革甚至影響了今天的世界格局以及中美關係。

同年，聯邦財政部預算官員阿瑟·拉弗對當年國民生產綜指做出了悲觀預測。拉弗的言論在華盛頓及華爾街金融圈掀起了一陣風暴。不過，當時主流經濟學家並不認同拉弗的觀點，看多主張普遍壓倒看空。

當年的經濟走向說明拉弗是對的，但此後兩年發生的事情，遠遠超出

觀歷史

了拉弗的預料。

1973 年 10 月，第四次中東戰爭爆發。石油輸出國組織為了打擊以色列，宣布石油禁運，暫停出口，造成國際油價大漲，第一次石油危機爆發，國際原油價格從 1973 年初的每桶不到 3 美元，漲到年底的每桶 12 美元左右。

第一次石油危機爆發導致美國及西方國家物價大幅度上漲，從而引發劇烈的通貨膨脹，同時，經濟大幅度衰退，失業大增。從 1973 年開始，美國出現了低成長、高失業與高通膨並存的局面。

1972 年至 1973 年，雞蛋上漲 49%，雞鴨魚牛羊豬等飛禽走獸「齊飛」。在石油危機的推波助瀾之下，肉類整體價格上漲了 25%，美國民眾大呼「牛肉自由、雞蛋自由」。

通膨率在 1972 年還維持在 3.27%，1973 年受石油危機影響上漲到 6.16%，1974 年高達 9.2%。1973 年，美國失業率整體維持在 5% 以下，到 1974 年底上漲了兩個百分點，到 1975 年則升至 8% 以上。1973 年 GDP 增速 5.64%，第二年斷崖式下跌到 -0.52%，第三年為 -0.2%。

當時，人們喜歡採用詹森政府時期的 CEA（白宮經濟顧問委員會）主席亞瑟·奧肯創立的「經濟不舒適指數」來衡量總體經濟狀況。奧肯模仿氣象溫度和溼度表示舒適度指標的做法，將通膨率與失業率結合，創造出一個「經濟不舒適指數」。這個指數從最初的 6 漲到了滯脹初期的 18。人們調侃說，這已經不是「不舒適」了，並將其改稱為「痛苦指數」。

滯脹剛發生時，美國政治家及主流經濟學家都認為是短期現象。普遍的觀點是，國際油價快速上漲製造了通貨膨脹，打擊了國內投資，導致經濟短期衰退。

滯脹經濟學：先抗通膨，還是先刺激經濟？

但是，石油危機過後，國際油價逐漸回落，美國通膨卻愈演愈烈，失業率迅速上升，經濟增速大幅度下滑。這時，美國意識到，滯脹危機並非簡單的外部因素所致，而是美國經濟體內長期累積的沉痾頑疾集中爆發。

貨幣主義創立者米爾頓・傅利曼說：「通貨膨脹無處不在，並且總是一種貨幣現象。」這句話道破了天機，直指美國政府長久以來執行的凱因斯式經濟刺激政策，貨幣大量超發，導致市場活力衰退，為經濟停滯和通貨膨脹埋下隱患。

大蕭條期間，古典主義跌落神壇，凱因斯主義崛起，羅斯福憑藉新政入主白宮，此後政府開始大舉干預經濟。「二戰」期間，國民經濟全面「武裝」軍事，歐美政府對經濟的控制達到頂峰。「二戰」後，凱因斯主義占據了絕對的統治地位，美國長期執行凱因斯式政策來調節經濟。

不過，出於「流動性陷阱」的考慮，凱因斯並不太信任貨幣政策，他主張透過財政政策，以向社會借錢的方式刺激投資需求增加。後來，新古典綜合學派創始人漢森和薩繆森主張相機選擇，結合使用貨幣政策和財政政策，但他們依然更側重於財政政策。

根據聯準會的分權機制，聯邦政府無法完全操控聯準會，每任總統最多只能任命兩位聯準會理事，總統對聯準會主席及理事有任命權但無裁撤權；總統無權干涉聯準會事務，聯準會獨立於任何政府機構和個人。

聯準會與白宮財政部實際上是分開的兩條線，包括總統在內，沒有任何一個個人和組織可以同時決定財政政策和貨幣政策。所謂的凱因斯式政策更多寄託於政府能夠掌控的財政政策。但是，如果沒有貨幣發行量配合，財政擴張就容易提高利率，從而增加政府赤字。當時的凱因斯主義者其實很強調財政預算平衡，對政府赤字極為擔憂，這與我們今天對凱因斯

209

觀歷史

主義的理解有很大的差異。

所以,在 1950、1960 年代,聯邦政府所實施的凱因斯式經濟政策的力度還是有限的,財政預算比較良性,貨幣規模及美元外匯量也比較穩定。

到了 1965 年,美國詹森總統提出雄心勃勃的「大社會」計畫,並試圖大力增加財政預算和稅收。1965 年到 1969 年,聯邦支出總共增加 55%,每年增加 11%,而在此之前三年每年支出只增加 2%。同時,聯邦基金利率還在提高。詹森找了當時的聯準會主席進行會談。而後,令所有人驚異的是,從此聯準會開始下壓利率。

從 1960 年到 1965 年,美國通膨率都維持在 1.6% 以下的低水準。但是從 1966 年開始,通膨率大幅度上升:1966 年飆升到 3.01%,1967 年回落到 2.78%,1968 年又反彈到 4.27%,此後兩年都在 5% 以上。同時,貨幣擴張導致美元快速貶值,最終擊潰了布列敦森林制度。

詹森的「大社會」計畫和對越戰爭,大大拖累了政府財政預算,稅收逐漸增加,邊際報酬遞減,經濟活力下降,通貨膨脹隱患重重,醞釀了 70 年代的滯脹危機。

1970 年代的這場滯脹危機,在當時是一種新型的經濟災難。其成因主要是政府對經濟的人為干預,表現為財政、貨幣的過度擴張以及經濟管制。

滯脹危機爆發後,尼克森政府依然採用過去的思維,試圖再用凱因斯式政策來調節經濟:貨幣擴張政策和人為控制物價。這無疑是火上澆油。

尼克森總統是凱因斯主義的支持者,他曾經說過:「我如今在經濟上是一個凱因斯主義者。」他擅長政治和外交,弱於經濟和貨幣,但他身邊有一群擅長研究經濟政策的官僚。阿瑟・伯恩斯是尼克森總統的經濟顧

問，曾經擔任過艾森豪總統的經濟委員會主席，是葛林斯潘和傅利曼的老師，對尼克森的經濟政策影響很大。

從 1970 年開始，伯恩斯擔任聯準會主席。由於與尼克森的關係，他被認為是「當代最政治化的」一位聯準會主席，過於服從於華盛頓的政治需求。

面對滯脹危機，尼克森總統和伯恩斯共同選擇透過美元貶值來降低失業率，刺激經濟成長。事實上，在 1971 年，尼克森宣布關閉黃金兌換窗口，已促使美元大幅度貶值。在浮動匯率下，美元對外也大幅度貶值，國內通膨隱患加劇。

美元與黃金脫鉤後，美國政府與中東國家簽署了石油國際結算協議，指定由美元作為石油國際結算的唯一貨幣。這就是我們所說的「石油美元」。但是，石油危機爆發後，油價大幅度上漲，就相當於美元大幅度貶值。這是美國通膨快速上升的直接原因。

尼克森政府試圖用貨幣擴張、美元貶值的政策來刺激經濟復甦，降低失業率。但是，貨幣貶值會加劇通膨。因而尼克森政府採取了第二種手段——管控物價。聯準會負責刺激經濟成長，聯邦政府負責凍結物價壓住通膨。這種配合看起來似乎兩全其美，但結果適得其反。

長期實施凱因斯式政策，容易導致施政者盲目干預經濟，養成「人定勝天」的思維慣性。人為干預的隨意性和傲慢，逐漸取代了法治的必要性和嚴謹性。

當時，德州一個農場主人將 4 萬隻雞活活溺死在水塘，令全國電視觀眾目瞪口呆。原因竟是當時家禽價格不夠高，還無法獲得補貼。1973 年，頂著半邊天的家庭主婦發起了一場為期一週的全國抵制肉類運動。

> 觀歷史

　　尼克森政府花了一整年的工夫凍結食品價格，阻撓工會加薪，批判阿拉伯人貪得無厭，呼籲民眾減少石油採購。但這些努力最終都失敗了，美國在滯脹的泥潭中越陷越深。

　　生活物價是國民經濟的最後一個堡壘。在擴張性的貨幣政策之下，貨幣潮水衝擊房市、股市帶來資產泡沫，衝擊消費市場則引發市場價格整體扭曲，貨幣大幅度貶值，經濟全面泡沫化。

　　大眾就業是國民生活的最後一根稻草。經濟衰退造成企業規模收縮，投資減少，由於薪資黏性，企業傾向於直接選擇裁員而非降低薪資，從而導致失業率驟升。

　　貨幣之下暗流湧動、內熱聚集，石油、水果、糧食或某些大宗商品價格大漲則容易點燃物價之火，全面引爆通膨，深度打擊經濟。

　　滯脹是內熱淤積，惡毒難消，中醫、西醫都不太好使，防患應重於根治。

02 菲利浦曲線失靈

　　在擴張性財政政策及貨幣政策下，隨著邊際報酬遞減，基建投資收益率越來越低，經濟失去活力，增速下滑，失業增加。

　　同時，由於貨幣長期中性，擴張性政策引發的貨幣潮水淹沒房市後暗流湧動，一旦被某一外在因素點燃，則可能爆發全面通膨。

　　凱因斯式政策便引發了滯脹危機。

　　滯脹危機爆發後，當時美國主流經濟學家、政府經濟顧問除了表示「慚愧」外，就是希望民眾給他們多一些時間。

　　但實際上，除了民眾已失去了耐心，一群經濟學家也已不想給主流凱

滯脹經濟學：先抗通膨，還是先刺激經濟？

因斯主義者時間了。他們躍躍欲試，試圖一舉將凱因斯主義者趕下臺，奪取經濟學的王權。於是，一場火光四射的大辯論、大批判無可避免。

這場大論戰，促使人們重新反思凱因斯主義及其經濟政策存在的問題，讓人們更加深入地理解滯脹危機，同時給出相應的解決思路。

1978年，芝加哥學派領袖羅伯特・E・盧卡斯在一次著名的演講中指出，當前商界學者面臨的任務是整理經濟災難留下的殘骸，然後判斷在「凱因斯革命」這一著名的學術事件中，哪些是可以保留和派上用場的，哪些又是必須拋棄的。即使無從知曉結果，但是可以確定的是，必須重新審視自1930年代以來從未仔細反思過的貨幣經濟學基本問題，同時還需要重新評估先進國家制定貨幣和財政政策的制度框架。

這場大辯論、大反思、大創新，推動經濟學進入百花齊放、百家爭鳴的群星璀璨時代。新一代挑戰者包括傅利曼代表的貨幣主義學派、布坎南代表的公共選擇學派、盧卡斯代表的理性預期學派、寇斯代表的新制度經濟學派、波斯納代表的法與經濟學派、阿羅（Kenneth J. Arrow）代表的社會選擇學派、哈耶克代表的新奧地利學派以及孟岱爾和拉弗代表的供給面學派等。

他們有一個共同的稱號，即新自由主義，大本營是芝加哥大學（學派）。新自由主義成功將凱因斯主義推下王座，打擊了新古典綜合學派，但也促進了新凱因斯主義的發展，誕生了如史迪格里茲、克魯曼等一批新凱因斯主義者。

當滯脹危機爆發後，以薩繆森為代表的凱因斯主義者感到極為困惑，抑或是不以為然。實際上，凱因斯主義並不支持滯脹。凱因斯主義者認為，高通膨、高失業和經濟停滯不會同時存在，通貨膨脹率增加，失業率

觀歷史

就會降低，經濟也會成長，而經濟停滯、失業率增加時，通貨膨脹率則會降低。這就是著名的「菲利浦曲線」理論。

菲利浦曲線是由紐西蘭經濟學家威廉‧菲利浦發明的，他在英國倫敦經濟學院時（1958年）發表了〈西元1861-1957年英國失業和貨幣薪資變動率之間的關係〉。在文中，菲利浦透過英國的歷史資料論證了失業與貨幣薪資變動率存在負相關：失業率上漲，名義薪資下降；失業率下降，名義薪資上漲。

這個很容易理解，失業增加，市場上的勞動力富餘，找工作競爭激烈，公司就會降低薪資；而失業減少，公司不好招人，就會提高薪資待遇。這是一個正常的市場供求與價格關係。

1960年，薩繆森和索洛在《美國經濟評論》上發表了〈關於反通貨膨脹政策的分析〉，將菲利浦曲線納入新古典主義陣營，並將其包裝成為殺手鐧般的理論武器。這兩位經濟學家在文中用美國的資料替換了英國的資料，並用物價上漲率代替名義薪資成長率，得出了短期內通貨膨脹率和失業率之間的替換關係。

簡單理解就是，當通貨膨脹率上升時，失業率下降；失業率上升時，通貨膨脹率下降。他們將這一理論命名為「菲利浦曲線」。

得到這兩位當時最為頂尖的經濟學大師背書，菲利浦名聲大噪。

有了「菲利浦曲線」，薩繆森如獲至寶，將其樹為新古典綜合派的大旗，使其以憲章地位存在。新古典綜合派可以根據「菲利浦曲線」，為政府提供凱因斯主義式的總體經濟政策。政府如果想要降低失業率，很簡單，只要提高通貨膨脹率即可；反過來，為了治理通貨膨脹，難免在失業率上做出犧牲。

在整個 60 年代，薩繆森領導的新古典綜合派是凱因斯主義陣營的絕對旗手，長期占據著經濟學的主流地位，「菲利浦曲線」相當於凱因斯主義的門面。

所以，長期以來，經濟學家都認為，高通膨不可能與高失業、低成長同時並存。當美國陷入滯脹，出現高通膨、高失業和經濟停滯並存的局面時，經濟學家們也傻眼了。美國政府的政策陷入了被動，平時採用的「菲利浦曲線」失靈了，按下葫蘆浮起瓢，對滯脹危機毫無作用。

因此，滯脹危機的爆發，意味著「菲利浦曲線」失靈，凱因斯主義破產。

公共選擇學派布坎南認為，在「菲利浦曲線」的背後，是在所謂的民主過程中，大眾欲望膨脹對政治勢力擴張的縱容，以及政治勢力擴張對大眾欲望膨脹的哄騙。演到後面，喜劇就會變成鬧劇，甚至悲劇。

買了房子的、炒股的、做房地產的、做企業的，都希望政府多發一點貨幣，這樣貸款容易，房價、股價都上漲。而政府希望多發貨幣來解決自己的財政收入問題，也樂意見到經濟表面繁榮、失業率下降，這樣更可能獲得連任或選民支持，因而很少顧忌後面的通貨膨脹和資產泡沫。

理性預期學派的盧卡斯提出了極端的「盧卡斯批判」。他認為，凱因斯式的需求政策在短期內就會被公眾預期到，因而這套老把戲騙不了人。政策被公眾預期到後，這個政策就有點像掩耳盜鈴，效果自然就不明顯，甚至還可能更糟糕，比如大家預期到貨幣擴張，很可能把錢拿去炒房子、炒股票，導致資金空轉、經濟泡沫化。

以米塞斯、哈耶克和羅斯巴德（Murray Rothbard）為代表的新奧地利學派認為，政府推行凱因斯主義政策，做信用擴張，利率下降，商品價格

> 觀歷史

上漲，企業家盲目擴大生產，表面上市場欣欣向榮，但是實際市場需求並沒有增加。當信用擴張無法持續時，當槓桿加到極限時，銀行收緊貸款，表面的經濟繁榮將立即停止，然後陷入蕭條，失業增加。

新奧地利學派的結論是，凱因斯主義政策導致市場受錯誤利率信號的引導，而做出錯誤的投資決策。

在這場論戰中，傅利曼對凱因斯主義的研究最為透澈，不少理論都擊中了後者的命門。

1976年，傅利曼獲得了諾貝爾經濟學獎。在那個所有經濟學家都關注的夜晚，傅利曼抓住機會在獲獎演講中認真地批判了「菲利浦曲線」。

傅利曼說，「菲利浦曲線」所宣揚的通貨膨脹和失業之間的負相關關係只在短期才存在。物價上漲時，由於短時間獲取資訊的成本太高，工人和雇主都會產生「貨幣幻覺」：

工人錯把名義薪資的提高誤認為是實際薪資的提高而增加勞動力供給；雇主將產品價格上漲誤解為需求擴大從而增加工人僱傭量。長期來看，等到工人和雇主都反應過來時，雇主就會解僱工人，就業則恢復到原來的水準。

傅利曼的意思是，長期來看，增加貨幣供應，不會提高就業，只會增加通膨。傅利曼表達的是貨幣中性理論，這一理論打中了凱因斯主義的七寸，抽走了凱因斯主義整個理論體系的基石。

凱因斯主義認為，貨幣是非中性的，貨幣、財政擴張可以刺激經濟成長，降低失業。而傅利曼斷言，用通貨膨脹換取就業增加的凱因斯式需求政策，猶如揚湯止沸，無疑是飲鴆止渴，定會將經濟推向滯脹的深淵。

在這場論戰中，面對這群積壓了30多年怒火的經濟學家，菲利浦實

在吵不過他們，於 1967 年離開英國，返回了闊別已久的澳洲。他在澳洲國立大學替自己確立了一個新方向 —— 研究中國經濟。

03 滯脹陷入雙重困境

新自由主義者抨擊薩繆森，成為主流，雷根與沃克改革解決滯脹危機。至此，美國在低通膨中經濟持續高成長，房市、股市迎來史詩級大牛市。

然而，現代貨幣理論指向通膨而忽視貨幣數量，滯脹危機解決後，經濟泡沫泛起，債務、貨幣及金融危機屢屢光顧。

糟糕的是，新興國家或面臨滯脹危機與金融危機疊加的複雜局面。

傅利曼主張的貨幣中性理論，對凱因斯的打擊很大。目前，不少人都持貨幣「短期非中性，長期中性」的主張。換言之，擴張性的經濟政策短期刺激有效，但長期無效。

財政擴張、貨幣超發後，隨著邊際收益遞減，投資報酬率越來越低，經濟成長逐漸乏力，甚至陷入衰退。由於貨幣長期中性，經濟陷入衰退時，因貨幣超發引發的通膨會愈加嚴重，導致滯脹危機爆發。

所以，傅利曼極力主張控制貨幣發行量。他創立了現代貨幣理論，提出了單一規則，即央行應該以貨幣供應量作為唯一的政策工具。傅利曼認為，居民長期平均消費是穩定的，因此貨幣供應量成長應該與經濟成長保持一致。

當時的聯準會並不以控制貨幣數量為目標，而是以控制價格為目標，即控制利率。在卡特政府時期，尼克森政府時期的財政部副部長保羅·

觀歷史

沃克被任命為聯準會主席。他上臺後，與全世界為敵，不顧一切地打壓通膨，大幅度提高利率。

沃克這種極端做法造成了經濟嚴重緊縮，加劇了經濟下行、失業率上升。在沃克看來，低成長、高失業與高通膨之間沒有兩全其美的辦法，只能先犧牲經濟和失業，把通膨控制住，然後經濟才能復甦，就業才會成長。

沃克這個主張在當時非常有爭議。就連舒茲、傅利曼、葛林斯潘等經濟學家都認為，沃克過度強調低通膨，對經濟的殺傷力太大。凱因斯主義者容忍通膨，傅利曼等主張溫和通膨，但在沃克看來，「一點點通膨也是危險的」。

陷入滯脹時，先控制通膨，還是先刺激經濟成長？

從尼克森、福特再到卡特三任政府對此都舉棋不定，政策反反覆覆，反而加劇了通膨預期。事實上，不論結果還是理論都證明了，沃克是對的，應忍受短期痛苦，先把通膨壓住。為什麼？

其中的邏輯不難理解：貨幣是一個經濟的穩定器。如果貨幣大幅度貶值，市場價格則會全面扭曲，市場機制整體失靈，經濟陷入混亂、衰退，甚至停滯，大規模失業則不可避免。

貨幣價格穩定了，市場才能逐漸恢復秩序，消費者、投資者、企業家才能做出相對合理的決策，市場自癒、自我調節的機制才能啟動。如此，貨幣價格穩定，通膨被控制，經濟才會上升，就業才會增加。

早在 1940 年代，德國弗萊堡學派創始人奧伊肯就明確提出過這一主張——貨幣目標優先原則。他認為，一切總體經濟目標都必須讓位於貨幣政策，貨幣政策的唯一目標則是保持價格穩定。奧伊肯提出，貨幣價格

穩定是對總體經濟最好的支持。

奧伊肯的這一主張被沃克成功地運用到了抗通膨之中。只是在抗通膨這個過程中，貨幣大幅度緊縮，帶來經濟下滑、失業成長的痛苦，讓人煎熬。

今天我們將解決滯脹危機的功勞算在了雷根總統身上，雷根改革締造了所謂的「雷根大循環」。但實際上雷根的政策效果有限，減稅法案也沒有徹底實施，放鬆管制所涉及的行業不多。

成功的關鍵是沃克按住了通膨，對內為美國經濟創造了一個穩定的環境，促進市場機制自我復甦，引爆了資訊科技革命；對外重新確立了美元的強勢地位，一掃1971年布列敦森林制度崩潰後的頹勢，締造了一個以美元為核心的國際新秩序及金融市場，促使大量國際資本流入美國，創造了幾十年的房地產、股票及金融大牛市。

1971年，時任財政部副部長沃克終結了美元的統治地位；1980年代，任聯準會主席的他又親手將美元推上王者地位。當時，沃克使用了虎狼之藥，吸收了傅利曼的主張，在提高利率的同時，嚴格控制貨幣供應量。

不過，當時供給面學派的孟岱爾不同意傅利曼和沃克的主張。孟岱爾贊同單一規則，即大拇指法則（孟岱爾的老師廷貝亨提出的「廷貝亨法則」），但是他認為央行的唯一目標不應該是管控貨幣數量，而應該是管控貨幣價格，這個貨幣價格不是利率，而是物價，即通貨膨脹率。

這是貨幣政策問題的關鍵，即通常所爭論的以價格為目標，還是以數量為目標。

按不同市場劃分，貨幣價格有多種指標：利率、消費物價、外匯、國債、股票、房地產及金融資產價格等。

觀歷史

　　以價格為目標意味著管控價格，以數量為目標則是管控供給。

　　在凱因斯主義時代，央行主要以穩定貨幣價格中的利率為目標。從沃克開始，聯準會加入了傅利曼的數量目標。

　　孟岱爾則認為，數量目標很難掌握，可能會導致貨幣大幅度緊縮，也可能導致通貨膨脹。他的理由是，其實沒有任何人知道市場上需要多少貨幣、誰需要貨幣、以什麼價格成交。

　　傅利曼認為，市場的貨幣需求量是穩定的。傅利曼的貨幣數量論延續了費雪方程式和皮古方程式的核心理論，即貨幣規模由商品交易量決定。

　　但是，傅利曼忽視了一個正發生在他身邊的革命──金融自由化及投資銀行興起。在1970年代之前，貨幣主要用於商品交易，而商品交易確實如傅利曼所言是相對穩定的，因此穩定的商品交易量決定了穩定的貨幣供給量。

　　但是，1971年布列敦森林制度崩潰之後，浮動匯率和信用貨幣極大地增加了資本市場的套利空間，從而刺激了投資銀行大規模崛起。

　　雷根總統推出了一系列措施，促進金融自由化，打破商業銀行與投資銀行的界限，促進金融混業及投資銀行發展。

　　雷根總統在第二任期內，不再信任沃克。他先後任命了四名聯準會理事，從而掌控了理事會決策權。沃克無奈辭職，葛林斯潘接任，此後聯準會長期保持較低利率，釋放大量貨幣，刺激房地產及資本市場繁榮。

　　1980年代開始，在金融自由化、資訊科技及電腦革命的推動下，美國期貨、期權、信託基金、外匯以及各類金融衍生品快速膨脹，金融市場的交易規模遠遠超過了商品市場，當今90%以上的美元交易都發生在金融市場上。金融產品的價格波動極為頻繁，交易頻率極高，且不穩定。即使貨

幣供應增加一倍，金融資產價格翻一倍，我們也很難判斷，金融市場是否存在泡沫。反推就是很難判斷到底需要多少貨幣量。

正如孟岱爾所言，我們已經無法確定這個市場到底需要多少貨幣。如果大幅度緊縮貨幣，可能導致一些行業、企業嚴重緊縮，而一些領域仍然富餘。這就是我們所說的，把好槓桿和壞槓桿一起去掉了。

因此，孟岱爾主張放棄數量目標，活絡貨幣供給市場，市場需要多少貨幣、誰需要、以什麼價格成交，全部交給市場來決定；主張管控貨幣價格，即消費物價，以通貨膨脹為唯一目標。

孟岱爾的說法很簡單，央行要做的不是控制貨幣數量，而是控制通膨，只要把物價壓下去了，經濟就平穩了，市場機制就會發揮作用。在低通膨的環境中，信貸、國債、股票、房地產、大宗商品等市場需要多少貨幣，以什麼價格成交，都可以由市場來決定。

到了 1990 年代，西方國家的央行掀起了獨立思潮，紛紛採取單一目標制，基本上以孟岱爾所說的通貨膨脹率為目標。當今歐洲央行、英格蘭央行、日本央行、加拿大央行仍是如此。聯準會雖然有通膨率、失業率和金融穩定三個目標，但通膨率是首要目標。

所以，從 1983 年開始，聯準會很好地控制住了通貨膨脹。在葛林斯潘年代，雖然長期保持較低利率，但是大多數年分的通貨膨脹率都維持在 3.5% 以內。2008 年金融危機爆發，聯準會執行量化寬鬆政策，但此後 11 年，通膨率基本維持在 3% 以內。

那麼問題來了，這麼多錢，去哪裡了？

金融市場。雷根和沃克實際上將美國推向了金融資本主義。

從 1982 年 10 月開始，美股開啟了史詩級的大牛市，與房市一起狂

觀歷史

奔,直到2007年次貸危機。2008年金融危機後,在量化寬鬆的刺激下,美股復甦,出現長期慢牛。

為什麼會出現這種情況?

除了投資銀行興起、金融自由化外,最主要的原因可以用上面講到的孟岱爾的貨幣理論來解釋。聯準會以及西方央行以通貨膨脹為目標,放棄了對貨幣數量的管控。結果,從1982年開始,通貨膨脹率控制得很好,大量貨幣沒有流入消費商品市場,但流入了金融市場,尤其是股票、房地產、外匯以及國債市場。

最近幾十年,美國及西方國家處於低通膨環境中,經濟快速成長,但金融資產泡沫高企,呈現高成長、高泡沫、高債務並存的局面。簡而言之,新自由主義替代了凱因斯主義,解決了滯脹危機,但是經過幾十年累積,貨幣又在金融市場中膨脹,引發了資產價格膨脹。

2008年金融危機實際上是對新自由主義的理論,尤其是現代貨幣理論的警告。但是,各主要國家依然採用擴張性的貨幣政策來刺激經濟。結果,最近幾年,美國經濟復甦,呈現良好的上漲態勢,但美股價格已達到一定的高位。美股金融週期見頂,成為實體經濟成長的「黑天鵝」。

但最令美國人擔憂的,還是不斷擴大的政府赤字。從雷根政府大幅度擴張赤字開始,美國只在柯林頓時代實現了預算平衡,其他時間均出現嚴重赤字,而且赤字沒有收斂的趨勢。如今,美國國債已達到了驚人的22兆美元。

2019年第一季度,美國兩黨就政府債務上限展開較量,巴菲特、克魯曼以及聯準會主席鮑爾等一批重量級人物大力批判現代貨幣理論。他們批判現代貨幣理論只關注通貨膨脹,而忽視債務規模,縱容美國政府大規模

舉債，導致債務風險居高不下。

如今，美國的金融危機風險要大於滯脹風險。如果央行政策不改變，即在低通膨的環境中，不控制貨幣供應量，金融持續繁榮，債務型、泡沫型經濟就會快速發展，一旦槓桿達到極限，泡沫觸發閾值，金融危機（債務危機、貨幣危機、股市及房市泡沫危機）就會爆發。然後，循環反覆。

這該如何破解？

從根本上而言，需要改變現代貨幣理論，從政策上改革央行的目標。若對物價、利率以及金融資產價格都加以管控，經濟會失去活力；若管控貨幣數量，也會因為干預貨幣供給而影響貨幣市場的效率。具體方案是，在管控通膨的同時，適度管控貨幣數量。

那麼，是否應加上國債以及其他金融資產價格目標？

這個問題實際上已觸及當今世界經濟問題的靈魂，觸摸到了經濟學的「聖盃」。

最後，我們再來看看新興國家。新興國家的情況可能比美國更加複雜，或面臨滯脹危機、貨幣危機、債務危機以及房市、股市資產泡沫危機並存的局面，大大超過了現代經濟學，尤其是現代貨幣理論所能應付的範疇。

新興國家的央行獨立性差，大量貨幣流入房地產、債券以及金融市場，製造了資產價格泡沫，拉丁美洲、亞洲等國的債務危機屢屢爆發。同時，金融市場的脆弱性反過來加劇了貨幣動盪，頻繁爆發貨幣危機。

長期執行凱因斯式政策，導致投資邊際收益率下降，財政擴張對投資的帶動作用越來越小，經濟增速下降；同時，貨幣擴張導致貨幣海面下暗流湧動，若遇某一外在因素，如糧食歉收、進口受阻、外匯波動等，則容易點燃物價之火，造成通膨螺旋，引發全面通膨。

觀歷史

通膨與經濟失速疊加，就會引發滯脹危機。而滯脹危機再與高房價、高槓桿、高貨幣（外匯價格）引發的資產泡沫危機、債務危機、貨幣危機疊加，誰也不知道該如何破解。這種局面實際上就是1970年代的滯脹危機加上2008年的金融危機，或者再加上未來的美國債務危機，這恐怕會難倒亞當斯密、凱因斯、傅利曼三位大神。

大家治學

治學,「博學之,審問之,慎思之,明辨之,篤行之。」

觀大家治學,如晨鐘暮鼓、拂塵之音,往往雄渾悠遠、激盪人心。

而相對其他學科的學者,經濟學家們往往更有趣、入世。他們關注一塊麵包、一棵橘樹的價格變動,也痴迷於絲絲入扣、一絲不苟的邏輯推演。

走近經濟學家,觸碰樂觀、理性的人生之光。

大家治學

經濟學家，傅利曼

本節走近傅利曼的學術生涯，從職業經濟學家的角度，以人類行為的一般性，審視今日經濟之問題。

01 幸運人

1912 年，米爾頓‧傅利曼出生在美國布魯克林的一個猶太家庭裡。他的父輩來自東歐一個叫做伯里格沙茲的小鎮。傅利曼的父親、母親都是 19 世紀末、20 世紀初美國移民大潮的成員。

當傅利曼記事時，這家一路摸爬滾打的「異鄉人」已經在美國的紐澤西扎下了根。他的母親曾在工廠當縫紉工人，父親繼承猶太人的傳統，做小本買賣、開成衣小店。在這個家庭裡，傅利曼從小過著清貧但還夠溫飽的生活。

1924 年，傅利曼開始在拉維中學讀書。中學裡的教育平淡無奇，傅利曼經常跑到一個公共小圖書館啃書，他幾乎讀完了館裡的所有書。

1928 年，傅利曼獲得了羅格斯大學的獎學金。這所學校建立於北美獨立之前，是美國歷史最悠久的大學之一。在這座小而美的大學裡，傅利曼遇到了兩位讓他受益終生的老師：阿瑟‧伯恩斯和霍默‧瓊斯 (Homer Jones)。

傅利曼上大學時，他的父親已去世。雖然伯恩斯只比傅利曼大 8 歲，但傅利曼視授業恩師伯恩斯如父如兄。最初傅利曼學習數學，試圖成為一名賺錢的精算師。但是，遇到伯恩斯後，傅利曼轉變了學術志向，開始學

習經濟學。

伯恩斯是馬歇爾的忠實崇拜者，他曾向傅利曼推薦馬歇爾的《經濟學原理》(Principles of economics)。在凱因斯主義日漸風靡美國的時代，傅利曼跟著伯恩斯走了正道。伯恩斯日後擔任了艾森豪、尼克森、雷根三位總統的經濟顧問，還擔任過聯準會主席，為傅利曼鋪就了通往白宮與聯準會的道路。

但此時的傅利曼還只是一個為生活費而奔波的學生。為了維持學業，他找了不止一份工作，做過銷售員、餐廳服務生，還有課外輔導老師，同時努力獲取了可觀的獎學金。大學期間，美國遭遇了大危機，傅利曼因存了幾百美元而「倖免於難」。

雖然傅利曼有過這麼艱難的經歷，但日後他依然提出高等教育應該漲價。此判斷基於其價格理論，也源自其自強的特質。

傅利曼在羅格斯大學的另外一位恩師是霍默·瓊斯。瓊斯是芝加哥學派創始人法蘭克·奈特 (Frank Knight) 的追隨者，他引導傅利曼閱讀奈特的博士論文〈風險、不確定性與利潤〉。透過瓊斯，傅利曼走向了芝加哥大學。

正如傅利曼及其伴侶羅斯 (Rose Director) 在二人的回憶錄中所說的那樣，他們是「兩個幸運的人」。傅利曼上大學的時代，正是美國第一代本土經濟學家成長的時代，包括羅格斯大學的伯恩斯、芝加哥大學的奈特、哥倫比亞大學的約翰·克拉克 (John Bates Clark)，還有歐文·費雪、阿爾文·漢森 (Alvin Hansen)。傅利曼幸運地獲得了前三位老師的真傳，後來發展了費雪的貨幣數量論，同時花了半生批判漢森傳播的凱因斯主義。

為追隨奈特的腳步，傅利曼大學畢業後來到了芝加哥大學深造。1932

年，芝加哥大學的經濟學系已經享有全美最好的經濟學系之一的聲譽，有法蘭克・奈特、雅各布・維納（Jacob Viner）、亨利・舒爾茨（Henry Schultz）等知名教授。當然，最重要的是，他在芝加哥大學的經濟學課堂上遇到了後來的髮妻羅斯。羅斯是傅利曼的終生學術伴侶，二人白頭偕老，成為經濟學界的模範夫妻。

芝加哥大學的自由之風，不僅展現為戀愛自由，更展現為學術自由。傅利曼後來評價：「教授們無條件服從真理、平等對待學生的風格，以及來自全世界的優秀的研究生讓我體驗到了世界一流的學術氣氛。」

1933 年，傅利曼還在克拉克所在的哥倫比亞大學讀了一年的研究生，跟隨韋斯利・米切爾（Wesley Mitchell）教授學習經濟學理論和經濟週期。

米切爾是美國國家經濟研究局的建立人，直到 1945 年都擔任局長。該局是傅利曼日後發揮學術力量的起步單位。

1935 年，傅利曼回到芝加哥大學讀博士，為亨利・舒爾茨教授做助手。羅斯則成為奈特教授的助手。在這個階段，傅利曼與凱因斯有了一個有趣的交集。傅利曼發表了一篇批評皮古理論的論文，他按舒爾茨的建議，將此論文投遞到遠在倫敦的《經濟學雜誌》。此時，正是凱因斯擔任主編，他和皮古討論後，拒絕了這篇論文的發表。

當時，傅利曼並不算一個「反凱因斯主義者」。大蕭條期間，芝加哥大學很多經濟學教授也支持政府的管制措施。傅利曼還認為，那些創造就業的公共工程管理局、工程振興局的政策是對危機形勢的「最恰當反應」。傅利曼只是對凱因斯主義並不感興趣。

在傅利曼讀博士期間，羅斯福新政全面鋪開，美國聯邦政府需要一大批經濟學家為他們做研究。經羅斯的哥哥介紹，他前往華盛頓，在美國自

然資源委員會做關於消費者購買行為的調查。這份工作啟發他日後寫出了《消費函數理論》（*A Theory of the Consumption Function*）。

1937年，傅利曼前往米切爾教授擔任局長的美國國家經濟研究局，為經濟學家西蒙·庫茲涅茨（Simon Kuznets）做工作助手。傅利曼在庫茲涅茨身上學到了統計學的研究方法。

在這個階段，他所承擔的工作與居民收入統計有關，其中對「獨立執業人士的收入」的調查研究啟發他日後提出了「永久性收入學說」。

在這份工作之後，他去了威斯康辛大學擔任教授，但是遭到了後來被寇斯稱為舊制度經濟學的一群教授的排擠。遭遇校園政治後，他重回政府部門。這時，「二戰」爆發，傅利曼加入了財政部，承擔稅收研究工作。他的任務是研究如何調整所得稅以及保險公司的稅收，從而提高財政收入和降低通膨率。傅利曼說，當時他是「徹底的凱因斯主義者」。

在結束這份工作後，他放棄了繼續留在財政部的機會，與部長助理懷特一起參加布列敦森林會議，重建戰後世界金融體系。這也讓他失去了與凱因斯正面「交鋒」的機會，對此他多少感到有些遺憾。不過，傅利曼其實是一個反布列敦森林制度者和反金本位者。

1946年，傅利曼收到芝加哥大學的教授聘請函。畢業十年後，他重回芝加哥大學。在此後的30年，傅利曼一直留在這裡——他永遠的精神故鄉。

02 芝加哥

與米塞斯、哈耶克相比，傅利曼是幸運的。「二戰」後美國經濟的繁榮與穩定給了傅利曼這代經濟學家足夠的安全感，使其得以靜心探尋世界

的真理 —— 儘管他以小角色的身分親歷了大蕭條與「二戰」。

1947 年，也就是凱因斯去世後的第二年，哈耶克雄心勃勃，邀請米塞斯、奈特、傅利曼、史蒂格勒（Stigler）、奧伊肯、里德以及哲學家波普爾（Popper）等人來到風光旖旎的瑞士佩蘭山，組建朝聖山學社，試圖復興自由主義。

令哈耶克沒想到的是，「二戰」後 20 多年，凱因斯主義橫掃天下，長期統治主流經濟學。所謂大樹底下無豐草，米塞斯在美國開培訓班「延續香火」，哈耶克疾病纏身，英國的馬歇爾和皮古眾多弟子改投凱因斯主義門庭。

不過，傅利曼是幸運的。芝加哥大學傳統的學術自由為他提供了絕佳的庇護所。當時擔任經濟系主任的狄奧多・舒茲（Theodore Schultz）（另一個舒茲）招募了一批青年才俊，讓他們自由探索、相互爭論。這奠定了 20 年後芝加哥學派百花齊放的基礎。在這裡，傅利曼遠離了威斯康辛大學那種校園政治，也免受凱因斯門派的學術打壓。

傅利曼早年曾兩次向凱因斯主導的學術雜誌投稿，但均被後者拒稿，這是二人唯一有接觸的事件。

回到芝加哥大學後的頭十年，傅利曼的生活很簡單。他在校園的時光以授課、參加研討會和演講為主。他開設了兩門課：價格理論、貨幣理論。傅利曼生平大部分著作都是在新英格蘭的村舍完成的。他在鄉村靜謐安寧的空氣裡撰寫研究論文，陪伴家人。

傅利曼的學術自由思想，與朝聖山之行是分不開的。這一年，傅利曼正在撰寫他學術生涯中最重要的一篇文章 ——〈實證經濟學方法論〉。這是一篇探討經濟學方法論的文章。早在西元 1891 年，凱因斯的父親就曾

將經濟學分為實證經濟學和規範經濟學。但是，此後幾十年，很少有經濟學家探討過此問題。1920年代，奧地利學派的米塞斯與德國新歷史學派就方法論展開了一場著名的論戰。最終，米塞斯借鑑康德（Immanuel Kant）的先驗主義碾壓了新歷史學派的歷史規範法。辯論中途，馬歇爾領導的新古典主義攜實證方法論馳援奧地利學派。

這時，傅利曼重拾經濟學方法論，復興了新古典主義的實證經濟學。所謂實證經濟學，像物理學一樣，探索和描述世界的一般性規律，不涉及價值判斷（價值無涉），也就是「實然」的世界。規範經濟學則相反，它強調用人的主觀意志來規範一個「應該怎樣」的世界，也就是「應然」的世界。

在佩蘭山上，傅利曼與哲學家波普爾討論了這一問題。波普爾提出證偽主義，後來成為科學的分界標準，與傅利曼的實證主義殊途同歸。

1953年，傅利曼的論文集《實證經濟學論文集》（*Essays in Positive Economics*）出版，其中一篇文章便是〈實證經濟學方法論〉，在經濟學界引起了極大爭議。

這篇文章的持久影響力是經濟學家始料未及的。它相當於將經濟學推入了「科學」的軌道，開闢了職業經濟學家這條道路。所謂職業經濟學家，即探索人類社會的一般性經濟規律。傅利曼正是職業經濟學家的典型代表。

實證經濟學的大規模崛起，對經濟學界帶來兩個後果：一是哈耶克頗為氣惱，他認為實證經濟學竊取了當年奧地利學派與新歷史學派論戰的勝利果實，還把經濟學的路帶歪了。二是1960、1970年代，大量物理學高材生轉投經濟學門下，在實證道路上將經濟學過度數學化。張五常的同事

曾提醒他的學生,這個世界上只有三位經濟學家可以不用學數學,他們是寇斯、張五常,還有阿爾欽(Alchian)。

此後,傅利曼在實證主義的基礎上從事嚴謹、客觀、禁得起考驗的經濟學研究。實證主義的純邏輯與一般性,對當時流行的凱因斯主義的短期性、道德感與直覺主義構成挑戰。

1957年,他出版了《消費函數理論》。這是一部經典的實證研究著作。消費函數是凱因斯《通論》中的「三大心理定律」之邊際消費傾向遞減定律的數學表示式。凱因斯認為,隨著人們收入的增加,消費邊際傾向會下降,儲蓄或投資的意願會上升。

但是,傅利曼的資料統計與邏輯推演的結論是與之相反的。他在1935－1937年參與過消費實例的研究。後來,傅利曼透過庫茲涅茨對美國從西元1899年以來的儲蓄資料的研究發現,在過去半個世紀裡,在薪資不斷成長的情況下,儲蓄並沒有增加。這一統計結果不符合凱因斯的消費函數理論。

接著,傅利曼提出與凱因斯絕對收入假說相對的永久性收入假說,以更可靠的邏輯對收入與消費的關係加以解釋。傅利曼認為,消費行為不是由偶然所得的暫時性收入決定的,而取決於永久性收入,即過去的儲蓄、當下的收入以及未來的預期。後來,理性預期學派的小羅伯特·盧卡斯在傅利曼的基礎上做了補充:人是在預期邊際上選擇是消費還是儲蓄(投資)的,投資邊際傾向遞減時,消費邊際傾向自然會增加;反之亦然。這本書出版後遭到了凱因斯主義者的批判。

幾乎在同一時期,傅利曼還出版了另一部重要作品——《貨幣數量論》(*The Quantity Theory of Money*)(1956年)。

早在 1950 年，老師伯恩斯就邀請傅利曼到美國國家經濟研究局研究「貨幣在經濟週期中的作用」。在新古典主義時代，貨幣被認為是不重要的外生變數。但是，瑞典經濟學家維克塞爾在西元 1890 年撕開了「貨幣面紗論」，認為貨幣會對經濟實際產出產生影響。

凱因斯與哈耶克都堅持走維克塞爾開創的道路，如今傅利曼也來了。伯恩斯之邀是傅利曼學術生涯的轉捩點，此後 30 年，傅利曼深耕貨幣領域，開創了「貨幣主義」理論。

另外，首次朝聖山之行，傅利曼印象最深刻的就是德國弗萊堡學派創始人瓦爾特・奧伊肯。奧伊肯的貨幣優先理論和價格自由理論很可能影響了傅利曼。

這部《貨幣數量論》正是貨幣主義的代表作。貨幣數量論源遠流長，公式雷同，但邏輯不清。最經典的是費雪方程式：貨幣流通速率 × 貨幣數量＝商品交易總量 × 商品價格。凱因斯曾指出，費雪方程式與馬歇爾的劍橋方程式並無本質區別。但凱因斯強調貨幣流速這個變數對物價的影響，理由正是其《通論》中「三大心理定律」之二「流動性偏好」。凱因斯認為，流動性偏好導致貨幣被窖藏，貨幣流速下降導致物價下跌，引發通貨緊縮。凱因斯提出，可以增加貨幣投放，降低流動性偏好引發的通縮風險。

但是，傅利曼的永久性收入假說指出，人的消費與投資的安排具有持久的穩定性，因而貨幣方程式兩邊的商品交易總量與貨幣流通速率可以假設為常數。剩下公式兩邊貨幣數量和商品價格中，商品價格不是人為決定的，而貨幣數量是人可以控制的。因此，傅利曼的結論是，貨幣數量決定商品價格。

傅利曼直接發起了一場貨幣理論的革命，相當於否定了凱因斯主義的第二個微觀理論，否定了透過超發貨幣干預經濟的主張。

這在 1960 年代與漢森、薩繆森的「菲利浦曲線」針鋒相對，傅利曼透過電臺、報刊與反對者展開大論戰。

1965 年，傅利曼出版了鉅著《美國貨幣史》。這本書讓傅利曼在關於貨幣理論的爭論中占據了主動權。傅利曼與經濟研究局的安娜·許瓦茲（Anna Schwartz）使用了美國近 100 年的資料論證了儲蓄率長期穩定，從統計學的角度否定了凱因斯的三大理論根基──儘管統計的邏輯不完全可靠。

傅利曼還有一個理論貢獻是其在芝加哥大學做教授時提出的價格理論。這個理論緣於凱因斯主義者──美國政府對價格的干預。

「二戰」後，美國政府延續了戰時經濟管制思維，對高漲的物價實施管控。早在 1945 年，傅利曼就曾批評過政府的房租最高限價政策。他與史蒂格勒合作出版了一本名為《房頂還是天花板》（*Roofs or Ceilings?*）的小冊子。

傅利曼在這本小冊子中寫道：「允許一些人獲得不平等的貨幣收入，然後再採取精心設計、成本高昂的措施去阻止他們支配自己的收入，這是最為愚蠢的做法。」事實上，房租價格管控為紐約這樣的城市帶來了極大的麻煩。因為租賃價格被限制，打擊了房屋供給，房東不願意修繕房屋，而租房需求因大批軍人復員而增加，房租價格不降反而飆升。

在當時，傅利曼的這些觀點招致極大聲量的批評。「二戰」後，傅利曼與史蒂格勒去歐洲出差，他們發現價格管制隨處可見。史蒂格勒對此發表了經典的觀點：「英國人遵守國王制定的法律（管控物價），因而物資緊

缺；法國人不遵守法律，黑市發達，物資不算緊缺；而美國人只遵守正確的法律。」

傅利曼占據了可靠的邏輯——價格作為市場機制的核心，對供給與需求發揮調節作用。傅利曼告訴人們，價格如同信號燈，它告訴生產者生產什麼、生產多少、為誰生產，也告訴購買者購買什麼、購買多少、向誰購買。傅利曼的價格理論課程在芝加哥大學廣受好評。隨後，他出版了《價格理論》(Price Theory)。

傅利曼的價格理論，相當於復興了新古典自由主義。他使用價格理論分析房租限價、徵兵制度、高等教育改革、基礎教育代金券等。他擅長辯論，語言幽默，在《新聞週刊》、電視、演講臺、國會聽證會上與對手你來我往。他是繼巴斯夏（Bastiat）之後第二位向普羅大眾普及經濟學常識的語言大師。如今在芝加哥大學，價格理論幾乎等同於現代經濟學；在世界大眾心中，價格干預等於愚蠢之策。這一切都應該歸功於傅利曼。

1962 年，傅利曼出版了經典之作《資本主義與自由》(Capitalism and Freedom)。此書出版後，學習傅利曼的價格理論與自由思想成為一股熱潮。1966 年，他當選為美國經濟學會主席。傅利曼主義似乎已經壓不住了，但他仍需要等待時機。

03 大滯脹

改變經濟學歷史的往往就是一次危機，而這次是一次凱因斯式的危機。在 1950、1960 年代，傅利曼憑藉可靠的實證經濟學批判凱因斯主義的干預政策以及不可靠的理論根基，贏得了不小的名聲。但多數時候，傅利曼只贏得了辯論席。

60年代末,傅利曼經由伯恩斯引薦成為尼克森總統的經濟顧問。1968年,在大選結束後,傅利曼就向尼克森遞上了一份文案:關於實行浮動匯率、與黃金「解綁」的建議。不過,時任聯準會主席伯恩斯否定了這一建議。

這時,布列敦森林制度已搖搖欲墜。1971年,尼克森授意季辛吉組建一個小組,盡快拿出解決方案。季辛吉提拔保羅·沃克為財政部副部長,專門負責此事。幾個月後,尼克森召集伯恩斯、康納利、沃克等核心成員在大衛營開會。沃克爾提出的方案與傅利曼如出一轍——聯準會關閉黃金兌換窗口。會上爭論激烈,伯恩斯依然反對這種冒險的做法。伯恩斯是尼克森的老幕僚,他的建議對總統影響很大,但這一次尼克森站在了沃克這邊。

大衛營會議後,尼克森立即宣布關閉黃金兌換窗口,引發國際金融市場巨震,日本人稱之為「尼克森衝擊」。

但是,真正的「尼克森衝擊」還在後頭。關閉黃金兌換窗口,意味著聯準會單方面違約,布列敦森林制度解體,美元失去了黃金之錨。

值得一提的是,三個月後,芝加哥商品交易所總裁哈里斯(Harris)找到傅利曼。其時布列敦森林制度解體,國際匯率走向浮動,催生套利空間。芝加哥商品交易所預見到商機,正在籌備國際貨幣交易市場。哈里斯希望傅利曼出一份論證性說明——布列敦森林制度一去不復返。國際外匯市場催生了跨國資本配置,助長了期貨、債券、基金等投資銀行市場的發展。這一簡單事件是金融自由化的開端,也是傅利曼貨幣自由化(匯率)的開端。

不過,美元失去黃金之錨後遭遇貶值風險。貨幣貶值的直接表現是通貨膨脹,但是當時的經濟學家認為,通膨是一種成本現象,或者是價格現

象。1971年，尼克森沿用了「二戰」後的物價管制政策，他透過電視演講宣布了「90天價格凍結」管制計畫。作為總統的經濟顧問，傅利曼對此提出批評，他使用價格理論進行推演，結論是管控物價的後果是價格漲勢更凶猛。

1973年10月，世界石油危機爆發，美國通膨率大幅度上漲。尼克森再次啟用了價格管控方式，但是經濟毫無起色。最開始，人們還以為通膨是石油價格推高成本所致。但是，當油價回落後，美國的通膨依然在高位。尼克森下臺後，繼任的福特政府和卡特政府都使用過價格管制方式，其結果無異於抱薪救火。

這時，傅利曼是冷靜而睿智的。他使用貨幣數量論的邏輯──貨幣數量決定商品價格，推導出一個簡單的結論：「通膨在任何地方任何時候都是貨幣現象。」所以，遏制通膨的閥門不在聯邦政府，而在聯準會。他指出，通膨的根本原因是60年代中後期聯準會發行了過多的貨幣。

1979年，曾經終結布列敦森林制度的沃克擔任聯準會主席。

他上臺後放棄了聯準會長期以來的利率目標，轉而控制貨幣總量。

他實施嚴厲的緊縮政策，大幅度提高了基準利率；還接受了傅利曼採取公開市場操作的建議，透過人工買賣證券控制美元總量。

有意思的是，1980年，正是沃克抗擊通膨的緊要關頭，傅利曼與電視臺一起拍攝《自由選擇》(Free to Choose)。他們來到紐約聯邦儲備銀行，試圖進入地下金庫和印鈔廠，由傅利曼親手按下印鈔機，讓觀眾真切地感受到印鈔機停止、通膨消失的感覺。但這可是金權重地，一般人進不去。傅利曼與沃克關係不錯，他寫信給沃克，沃克給了他這個表演的機會。

真正給予凱因斯主義重擊的是大滯脹，即通膨與失業「齊飛」。凱因

斯主義大師保羅・薩繆森將「菲利浦曲線」豎為其門派大旗。「菲利浦曲線」闡述了通膨率與失業率的負相關關係，薩繆森以此向政府提供經濟政策建議——犧牲通膨提振就業。但是，大滯脹宣告「菲利浦曲線」失靈，也意味著凱因斯主義失去了絕對統治地位。

如何解釋滯脹，成為當時經濟學家們的難題。新自由主義者躍躍欲試，而傅利曼使用了早已準備好的價格理論和貨幣中性理論來解釋，這對凱因斯主義來說無疑是釜底抽薪。

早在 1967 年，在美國經濟學會的主席演講上，傅利曼就從邏輯上對「菲利浦曲線」的可靠性提出了質疑。傅利曼認為，由於短時間獲取資訊的成本太高，價格上漲時，雇主會產生「貨幣幻覺」（誤解價格資訊），誤以為市場需求擴大從而增加僱傭，擴張產能，提高槓桿。過一段時間，原材料和薪資價格也上漲，這時雇主反應過來了，市場需求和實際利潤並未增加，就會解僱工人，縮減產能，就業和經濟照舊，剩下的只有通膨。其實，哈耶克使用奧地利學派的迂迴生產與企業家誤判，更能夠推導出危機——通膨與失業並存的滯脹危機。

傅利曼還使用了自然失業率的概念。自然失業下的勞動力與凱因斯所說的被窖藏的貨幣具有同一性質，它們是自然存在的，並不是經濟的「漏出」，因而追求充分就業與貨幣充分流通定然會引發通膨。

傅利曼和哈耶克的解釋，包括盧卡斯理性預期的解釋，相當於宣布干預主義政策是無效的，除了引發危機外，幾乎一無是處。

1980 年，美國總統大選，雷根打著供給面學派減稅的旗號上臺，宣稱已經拋棄了需求經濟學——凱因斯主義。雷根啟用了一大批自由主義學者，組建了一個由 13 位經濟學家組成的經濟政策顧問委員會，由傅利曼

的老師舒爾茨擔任主席，成員包括伯恩斯、傅利曼等。

在雷根擔任加州州長時，傅利曼就與他認識。雷根還喜歡閱讀傅利曼的《資本主義與自由》。

傅利曼這批經濟學家終結了凱因斯主義對白宮經濟政策的長期統治，他們向雷根提供的第一份改革方案是《雷根政府的經濟策略》。該報告建議：「立即行使總統權力，取消對原油與石油產品的價格管制。」雷根率先實施了這一措施。這成為雷根改革的開端。

1982年冬天，雷根革命與沃克改革初見成效，通膨率開始下降，就業率上升，美股開始上漲，美國經濟開啟了持久的景氣週期。這是傅利曼和新自由主義的勝利。

70年代，美國軍隊在越南戰場上的形勢有些焦灼，國內反戰情緒高漲，軍隊徵兵困難。尼克森找來傅利曼想辦法。傅利曼的辦法居然是廢除強制徵兵，實施自願兵役制。在聽證會上，美軍駐越南最高司令魏摩蘭（William Westmoreland）將軍堅決反對，聲稱：「我不願意指揮一支唯利是圖的僱傭軍。」接下來，傅利曼做出了經典辯論：「將軍，你更願意指揮一支奴隸軍隊，是嗎？」將軍被氣得冒煙，挺直身體說：「我不願意聽到有人把我們徵召入伍的愛國者說成是奴隸。」傅利曼毫不退讓，反駁道：「我不願意聽到有人把我們愛國的志工說成是唯利是圖的僱傭軍。」他繼續說：「如果他們唯利是圖，那麼，先生，我就是一個唯利是圖的教授，而你，就是一個唯利是圖的將軍。唯利是圖的醫生為我們看病，我們聘請的是唯利是圖的律師，從唯利是圖的商販處買肉。」

1973年，美國政府採納了傅利曼的建議，廢除了建國近200年來的徵兵制，改為全募兵制，徵兵問題得以解決。

傅利曼使用的還是價格理論。他認為，強制服兵役導致價格機制失靈，勞動力市場無法充分配置資源，軍隊難以招募到真正的「愛國者」。當時正值職業巔峰的拳王阿里（Muhammad Ali）因拒絕服兵役而被美國地方法院吊銷了拳擊執照，還差點遭遇牢獄之災。強制服兵役制度被廢除後的第二年，阿里復出奪回了闊別 7 年的金腰帶。傅利曼這種看似「學究氣」、實則禁得起考驗的邏輯，讓世人明白了一個簡單的道理：價格讓擅長打拳的人去打拳，讓願意當兵的人去當兵。

價格理論在貨幣領域的影響更加深遠。傅利曼的貨幣主義，本質上是貨幣價格的自由化。他建構了一套干預最少、最自由的法幣理論，推動了最近 50 年的世界匯率自由化、利率自由化、資本全球化以及金融全球化。這套理論唯一的邏輯矛盾是基礎貨幣的發行是人為控制的。為了將人為干預降到最低，傅利曼建議使用一臺電腦替代央行決策者按照一定比例發行貨幣。

1977 年，美國一個地方電視臺的主管奇特斯特找到傅利曼，希望用電視傳播自由市場經濟思想。奇特斯特本人就是自由主義的堅定信仰者，完全為傅利曼的《資本主義與自由》所征服。

在 80 年代，他們聯手製作了《自由選擇》電視紀錄片，傅利曼的思想被以電視這種更大眾化的方式傳播到人群中去。

正如他的學生蓋瑞·貝克（Gary Becker）所說：「他（傅利曼）能以最簡單的語言表達最艱深的經濟理論。」傅利曼在節目中傳播了一些經典雋語：「天下沒有免費的午餐。」、「構成大多數反自由市場理論的，其實是對自由本身的不信任。」80 年代後，傅利曼的名字幾乎等同於自由主義。

04 副產品

　　1976 年 12 月 10 日是諾貝爾逝世 80 週年暨第 75 屆諾貝爾獎頒獎典禮舉行日。在此特殊的日子裡，斯德哥爾摩音樂廳燈火通明、秩序井然。傅利曼榮膺這一屆諾貝爾經濟學獎。這是傅利曼學術生涯的巔峰時刻。

　　就在傅利曼從國王手上接過證書時，一位身穿燕尾服的人從後面的包廂裡站出來，用英語大喊：「打倒資本主義，給智利自由。」

　　很快，這人被保全人員拖出去了。然而，在場外，有幾千名示威者正等著傅利曼，他們抗議傅利曼參與了智利的政治活動。

　　傅利曼隨後在其獲獎演講中用他聰明的頭腦化解了尷尬，並且贏得了兩倍於別的獲獎者的歡呼。不過，這段小插曲成為了傅利曼後半生「尷尬」境遇的寫照。

　　此事緣於一群「芝加哥男孩」在智利掀起的自由主義改革，以及 1975 年傅利曼對智利的訪問。

　　1955 年到 1964 年，在美國國際開發署的資助下，芝加哥大學經濟系與智利天主教大學之間達成了合作，一些智利研究生得以到芝加哥大學學習。這些研究生中就有些人上過傅利曼的課程。

　　1973 年，奧古斯托・皮諾契特（Augusto Pinochet）領導下的軍隊發動了一起政變，射殺總統阿葉德（Salvador Guillermo Allende Gossens），並組建了軍政府。此後兩年，智利也像美國一樣爆發了大通膨，經濟陷入蕭條。這時，皮諾契特招募了一些到芝加哥學習的智利學者作為經濟顧問。這群經濟顧問後來被稱為「芝加哥男孩」，他們否定了阿葉德時代的計畫經濟，實施了經濟自由化改革。

1975 年，傅利曼受同僚邀請去智利進行訪問，皮諾契特向他尋求經濟問題上的建議。傅利曼指出，應採取「休克療法」以盡快結束通貨膨脹，開放自由貿易，實施自由匯率。

皮諾契特推行改革後，智利經濟一度陷入蕭條。反對者們將智利經濟蕭條歸咎於「芝加哥男孩」，並將之與傅利曼連繫在一起。

《紐約時報》稱傅利曼為「軍政府經濟政策的指路明燈」。這些抗議浪潮透過媒體傳到芝加哥大學校園，所幸芝加哥大學校長站出來像當年守護學術自由一樣保護了傅利曼。

其實，傅利曼獲得諾獎的 1976 年，智利的經濟在經過短暫的蕭條後正快速復甦。在之後的 5 年裡，年均成長率達 7.5%。此後，反對者對傅利曼的責難才逐漸減少。到 1981 年，負面評價大面積消失，智利經濟又被稱為經濟奇蹟。不過，智利沒有聽取傅利曼的建議，依然實施釘住美元的固定匯率。1982 年，聯準會高度緊縮美元，智利經濟跟隨通縮，立即陷入蕭條。那些消失的負面評價再現報端。年底，智利政府取消了固定匯率，經濟又恢復平穩，傅利曼的聲譽也隨之恢復。

智利案例似乎成了評價傅利曼學術遺產的標準，甚至成為評價新自由主義的標準。有人以此來否定傅利曼及新自由主義，也有人持反對意見。

美國著名財經評論員路易士·魯凱澤在傅利曼獲獎時說：「如果米爾頓·傅利曼更多地致力於學術研究，更少地參與爭取人的自由的問題，他可能多年前就獲得諾貝爾經濟學獎了。」

縱觀傅利曼的一生，他被認為是自由主義的旗手，致力於自由化政策以及傳播自由思想。但是，如果你真正理解了傅利曼就會發現，他首先是一位經濟學家，一位堅持實證主義的職業經濟學家。傅利曼的自由化政策

和自由思想,其實是其學術研究的副產品。職業經濟學家,或許是最不容易誤解傅利曼的一種定位。

傅利曼不是哈耶克那樣的自由主義「鬥士」和思想家。他致力於實證研究,探索人類社會的客觀規律,嚴謹地實施自由化政策,催生出自由思想。

在智利問題上,傅利曼是謹慎的。他強調:「智利的情況是一個例外而不是遵從規律的產物。」他極力避免被輿論綁架,被汙衊為皮諾契特軍政府的幫凶。他預言:「自由市場不可能持續,除非軍政府被一個信奉自由政治的民選政府所替代。」而這一預言的邏輯是其在1962年《資本主義與自由》中探討的「經濟自由與政治自由的關係」——「經濟自由本身是一個目的。其次,經濟自由也是達到政治自由的一個不可缺少的方式」。此問題,傅利曼與哈耶克在首次朝聖山之行就已討論過。

哈耶克也曾在1977年訪問過智利,與皮諾契特有過20分鐘的會晤。他在智利問題上的處理是「大膽」的,甚至將皮諾契特式的威權市場主義者視為通往自由之路的過渡方案。他在演講中列舉了一些威權市場主義者的名字,如葡萄牙的安東尼奧・薩拉查(António de Oliveira Salazar)、英格蘭的克倫威爾(Cromwell)、聯邦德國的艾德諾(Adenauer)和艾哈德等。

從中我們可以看出傅利曼與哈耶克的不同特質。傅利曼首先是一位職業經濟學家,然後才是一位思想家。而哈耶克首先是一位思想家,一位自由主義之「鬥士」,然後才是一位經濟學家。

哈耶克說:「只是個經濟學家的經濟學家就不可能成為一位偉大的經濟學家。」但是,傅利曼顯然更在乎作為一位職業經濟學家的成就,他在

獲得諾獎後說：「我的經濟學家同行對我未來五十年工作的評價，會比七位瑞典人目前的看法，更讓我感興趣。」1988 年傅利曼榮獲了總統自由勳章，他在演講中說道：「我相信我也能被稱為古典自由主義者。我其實不在乎我被稱為什麼，我比較注重於讓人們思考那些理想的本身，而不是我個人。」

在哈耶克身上，我們可以看到思想家的靈魂與勇敢的特質。他渴望達到自由之目的，勇於與阻礙自由之路的一切力量作抗爭。而在傅利曼身上，我們看到的更多是科學家的嚴謹與專業的特質。

在瑞典的大學演講時，他坦言，成群的示威者讓他第一次感到恐懼。傅利曼始終認為，他只是做好了一份職業經濟學家的本職工作——嚴謹地探尋了人類行為某些規律。

哈耶克曾問傅利曼，作為一位自由主義經濟學家，為何不反對法定貨幣，主張貨幣非國家化。傅利曼很難回答這個問題，因為他沒有從邏輯上論證過貨幣完全私有化的合理性。當然，哈耶克也沒有完全論證過，但他是一位思想家，他表達了對貨幣自由化更加大膽而徹底的猜測。

傅利曼一生熱愛旅遊，他與妻子一同前往過歐洲、亞洲、美洲的多個國家，在許多最低度開發國家旅遊時，他也會特別關注它們的經濟。

不管是美國、智利，還是印度、中國，很多國家的經濟政策都受到了傅利曼的影響，以至於人們幾乎將全球經濟自由化等同於傅利曼自由主義。傅利曼也伴隨著全球及諸國經濟之沉浮，而承受了各種誹譽。

從 1982 年冬天到 2007 年，美國經濟經歷了「二戰」以來最長的景氣週期，這被認為是傅利曼自由主義的「功勞」。但他卻說，過去幾十年，加爾布雷斯（Galbraith）肯定比他過得好，因為他是社會主義者。

傅利曼認為，老布希政府背棄了雷根自由主義，聯準會主席葛林斯潘無法抑制其控制經濟的欲望。「9‧11事件」過後，傅利曼對小布希及葛林斯潘的行動也強烈不滿。他抱怨，「世界經濟狀況在2001年9月11日後徹底改變了」，「凱因斯主義又回來了」。

2002年11月8日是傅利曼90歲生日，美國經濟學界為他慶生。當時的聯準會董事班‧柏南奇代表聯準會向傅利曼道歉：「在大蕭條的問題上，你們是對的，我們（聯準會）一手造成了那樣的局面。我們深表歉意，我們不會再犯同樣的錯誤了。」在演講中，柏南奇使用了傅利曼的說法——以「直升機撒錢」的方式防止通貨緊縮。從此，班‧柏南奇在業界得到了一個外號——「直升飛機大班」。

實際上，柏南奇歪曲了傅利曼的說法。傅利曼其實是在1969年的《最優貨幣量》(*The Optimum Quantity of Money*) 中用這個具體的比喻解釋凱因斯主義者是如何製造通膨的。

2006年11月16日，在舊金山安靜的家中，這位經濟學界的巨人、自由主義的布道者安然離世。

兩年後，美國次貸危機引爆全球金融危機。有人將金融危機歸咎於新自由主義，有人高呼傅利曼倒臺了，而將傅利曼趕下臺的正是「直升飛機大班」。班‧柏南奇其實是麻省理工學院薩繆森的門徒，他實施了強烈的貨幣干預，從此聯準會在貨幣干預的道路上一去不復返。

這場危機，傅利曼有沒有責任？沒有。這場危機引發的干預主義行動，傅利曼有沒有責任？有的。傅利曼當年沒能充分回答哈耶克的問題，沒能在邏輯上解決基礎貨幣發行的人為控制問題——這一漏洞，如當年凱因斯的菁英政治家模式一樣，被政治投機主義者抓住。

只需要一場危機，「偽」凱因斯主義就會「復活」。但是，傅利曼主義不需要一場危機，也不需要一場繁榮，它會永遠存在。因為傅利曼是一位職業經濟學家，它探索的是人類行為的一般性規律。

致敬米爾頓・傅利曼！

■ 參考文獻

[1] 張五常，經濟解釋 [M]，2015。

[2] 米爾頓・傅利曼，羅斯・傅利曼，兩個幸運的人 [M]，林卓立，鄭若娟譯，2004。

[3] 米爾頓・傅利曼，實證經濟學論文集 [M]，柏克譯，2014。

[4] 米爾頓・傅利曼，傅利曼文萃（上下冊）[M]，胡雪峰，武玉寧譯，2001。

[5] 米爾頓・傅利曼，貨幣數量論研究 [M]，瞿強，杜麗群，何瑜譯，2001。

[6] 米爾頓・傅利曼，安娜・J・許瓦茲，美國貨幣史 [M]，巴曙松，王勁松等譯，2009。

[7] 米爾頓・傅利曼，價格理論 [M]，蔡繼明，蘇俊霞譯，2011。

[8] 米爾頓・傅利曼，資本主義與自由 [M]，張瑞玉譯，2004。

[9] 保羅・沃克，克莉絲蒂娜・哈珀，堅定不移 [M]，徐忠譯，2019。

[10] 米爾頓・傅利曼，羅斯・傅利曼，自由選擇 [M]，張琦譯，2008。

[11] 賈雷德・戴蒙德，劇變 [M]，曾楚媛譯，2020。

經濟學家，傅利曼

大動盪時代！通膨、貨幣轉向與數位金融的未來：

從疫情衝擊到能源危機，在通膨與滯脹間的兩難選擇與經濟走向

作　　　者：智本社
發　行　人：黃振庭
出　版　者：沐燁文化事業有限公司
發　行　者：沐燁文化事業有限公司
E - m a i l：sonbookservice@gmail.com
粉　絲　頁：https://www.facebook.com/sonbookss/
網　　　址：https://sonbook.net/
地　　　址：台北市中正區重慶南路一段 61 號 8 樓
8F., No.61, Sec. 1, Chongqing S. Rd., Zhongzheng Dist., Taipei City 100, Taiwan

電　　　話：(02)2370-3310
傳　　　真：(02)2388-1990
印　　　刷：京峯數位服務有限公司
律師顧問：廣華律師事務所 張珮琦律師

-版權聲明-

本書版權為中國經濟出版社所有授權崧博出版事業有限公司獨家發行電子書及繁體書繁體字版。若有其他相關權利及授權需求請與本公司聯繫。
未經書面許可，不得複製、發行。

定　　　價：350 元
發行日期：2024 年 12 月第一版
◎本書以 POD 印製

國家圖書館出版品預行編目資料

大動盪時代！通膨、貨幣轉向與數位金融的未來：從疫情衝擊到能源危機，在通膨與滯脹間的兩難選擇與經濟走向 / 智本社 著 . -- 第一版 . -- 臺北市：沐燁文化事業有限公司 , 2024.12
面；　公分
POD 版
ISBN 978-626-7628-01-0(平裝)
1.CST: 國際經濟 2.CST: 經濟預測
552.1　　　　　113017930

電子書購買

爽讀 APP　　　臉書